Você é feliz
no seu
trabalho?

John P. Strelecky

Você é feliz no seu trabalho?

SEXTANTE

tradução
Claudia Guimarães

preparo de originais
Alice Dias

revisão
Ana Julia Cury, Hermínia Totti e Rebeca Bolite

projeto gráfico e diagramação
Valéria Teixeira

capa
Miriam Lerner

impressão e acabamento
Yangraf Gráfica e Editora Ltda.

CIP-BRASIL. CATALOGAÇÃO-NA-FONTE
SINDICATO NACIONAL DOS EDITORES DE LIVROS, RJ

S897v Strelecky, John P.
Você é feliz no seu trabalho? / John P. Strelecky [tradução de Claudia Guimarães]. Rio de Janeiro: Sextante, 2010.

Tradução de: The big five for live
Apêndice
ISBN 978-85-7542-581-7

1. Liderança. 2. Cultura organizacional. I. Título.

CDD 658.4092
10-2718 CDU 005.322:316.46

GMT Editores Ltda.
Rua Voluntários da Pátria, 45 – Gr. 1.404 – Botafogo
22270-000 – Rio de Janeiro – RJ
Tel.: (21) 2538-4100 – Fax: (21) 2286-9244
E-mail: atendimento@esextante.com.br
www.sextante.com.br

Para todos os grandes líderes

Prefácio

Em centenas de livros de História e nos incontáveis museus ao redor do mundo é possível aprender sobre liderança. Mas, em grande parte, o que aprenderemos é como ser um mau líder. Quem matou mais pessoas? Quem chegou ao topo por meio de fraudes e traições? Quem construiu o maior templo à custa do trabalho escravo? Isso até daria um interessante estudo sobre o caráter humano; o problema é que nos proporcionaria péssimos exemplos.

No mundo de hoje, a internet, as revistas, os jornais e os noticiários de TV divulgam histórias de má liderança o tempo todo. Então, onde buscar inspiração para descobrir o que significa ser um grande líder?

Podemos nos inspirar nas pessoas cujas histórias não costumam ser contadas, naquelas que estão ocupadas demais fazendo coisas importantes. Eu sei que essas pessoas existem porque, numa gélida manhã, em uma plataforma de trem de Chicago, conheci o maior líder do mundo. Seus negócios geraram fortunas, seus funcionários o amavam e, quando necessário, seus clientes esperavam semanas só para fechar negócios com ele.

Seu nome era Thomas Derale. Ele morreu tragicamente aos 55 anos e até mesmo no momento de sua morte foi capaz de inspirar todos que o cercavam.

Esta é a história de quem ele era, de como liderava e de como partiu deste mundo. E estes são os segredos que me ensinou.

Joe Pogrete

1

TIREI A MOCHILA DOS OMBROS e a coloquei no chão. *Espetacular*, pensei, admirando a vista à minha frente. *Realmente espetacular.* As mulheres que eu havia conhecido no trem tinham razão. A escalada era difícil, mas definitivamente valia o esforço. Baixei a mão, peguei a garrafa de água do compartimento lateral da mochila e tomei um longo gole.

Abaixo de mim estendiam-se quilômetros de picos e vales. Dava para discernir pequenos vilarejos agrícolas em algumas das áreas mais abertas. Densas florestas, como a que eu havia atravessado durante a escalada, preenchiam os flancos da maioria das montanhas. Eu não tinha planejado fazer essa caminhada, mas aquelas mochileiras australianas haviam se desmanchado em elogios sobre a trilha. Estava contente por ter seguido suas sugestões.

De repente, Thomas passou outra vez pela minha cabeça. *Deve estar acontecendo alguma coisa importante com ele e Maggie*, pensei. *Ele invadiu meus pensamentos uma dúzia de vezes esta manhã. Preciso acessar meu e-mail hoje à noite e ver se há alguma mensagem dele.*

Nos últimos anos, aprendi que, se uma pessoa nos vem à mente com a mesma frequência com que me ocorreu hoje a imagem de Thomas, é porque alguma coisa está acontecendo com ela. Quase sempre algo de bom.

Admirei a paisagem outra vez e respirei profundamente o ar puro. Eu estava no meio de uma viagem de quatro meses pela Espanha e vivera vários momentos mágicos como aquele. Arquitetura grandiosa, gente simpática, paisagens de tirar o fôlego... *É isso aí*, pensei. *Como diz Thomas, todo dia é preciso subir um pouquinho mais na curva da vida. Sempre progredir em direção aos nossos sonhos.*

2

MAGGIE DERALE ATENDEU a uma ligação do consultório médico. O marido dormia profundamente, coisa rara nos últimos tempos, e ela não queria acordá-lo. Enquanto escutava a pessoa do outro lado da linha, precisou morder o lábio para controlar o choro.

– Sim – ela disse –, eu compreendo... Pode deixar, ele estará aí amanhã... Não, acho que não há nada que vocês possam fazer.

Maggie desligou e sentou-se numa das cadeiras da cozinha. Ela e Thomas haviam escolhido o conjunto de mesa e cadeiras havia quase duas décadas, durante as férias que tiravam juntos todos os anos. Na época, ele caçoara por causa do tecido escandaloso que ela escolhera para a capa do assento. Aquilo se tornara uma fonte constante de piadas desde então. A lembrança passou como um raio pela sua mente e ela se pôs a chorar. As lágrimas começaram brandas, mas se transformaram numa torrente e ela passou a soluçar ao se dar conta do que estava acontecendo.

Quando parou de chorar, Maggie decidiu que não haveria mais lágrimas, pelo menos por enquanto. Pegou o telefone.

– Alô, Kerry, é Maggie... Não, sinto lhe dizer que não... É mesmo aquilo que achavam... Eu sei, Kerry, eu sei... Eu também... Olhe, eu quero que você vá em frente com a sua ideia. Empenhe todo seu tempo e sua energia nisso. Eu vou fazendo a minha parte e lhe mando tudo na próxima semana. E, Kerry... você não vai ter muito tempo.

Depois que desligou, Maggie foi para o escritório e acessou seu e-mail. *Preciso entrar em contato com Joe*, pensou.

3

Entrei num pequeno cibercafé e me sentei junto a um dos terminais. Passara a tarde descendo as montanhas e percorrendo o caminho de volta até o vilarejo onde estava hospedado. Thomas havia permanecido em meus pensamentos o tempo todo. Com tanta frequência, aliás, que eu tinha decidido verificar meus e-mails antes mesmo de ir para o hotel ou de jantar. *Ele deve ter alguma boa notícia para me dar*, pensei.

– Oi, Joe.

Eu me virei e olhei para a esquerda.

– Oi – respondi, sorrindo. Era uma das australianas que haviam recomendado a caminhada que eu acabava de fazer. – Obrigado pela ótima dica. Foi espetacular.

Voltei a olhar o monitor à minha frente. O cursor piscava na tela enquanto o navegador abria. O café estava abarrotado de outros mochileiros e de alguns moradores locais. *É incrível*, pensei. *Há 15 anos, a internet nem existia e hoje podemos nos comunicar em tempo real com gente de todo o mundo.* Entrei na minha conta do Yahoo! e cliquei na caixa de entrada. Como eu já esperava, havia uma mensagem de Thomas. Na verdade, era da esposa dele, Maggie, o que não era incomum. De vez em quando ela mandava notícias dos dois. Cliquei na mensagem e esperei abrir. Instantes depois, vi sete palavras que fizeram meu sangue gelar.

"Thomas está doente. Por favor, me ligue."

Enquanto fazia a ligação pelo Skype, minha mente voava. *O que será que está acontecendo? Thomas nunca fica doente.* Ouvi a chamada do outro lado da linha e, a seguir, a voz de Maggie.

– Alô?

– Oi, Maggie, é o Joe. Recebi sua mensagem, o que houve? Como Thomas está?

– Nada bem, Joe. – Deu para ouvir o leve tremor na voz dela. – Sinto muito entrar em contato com você durante sua viagem, mas achei que ia querer saber.

– Saber o quê? – Senti o peito apertar enquanto esperava a resposta.

– Thomas está morrendo, Joe.

– Ele está o quê? – perguntei, preplexo. Não podia acreditar no que acabava de ouvir.

– Ele está morrendo. Os sintomas começaram há três meses. Acabo de receber um telefonema do médico e ele confirmou que Thomas está com um tumor no cérebro. É grande demais para operar.

Tentei processar o que Maggie dizia.

– E não há outra coisa a fazer? Algum outro tipo de tratamento? Radioterapia, quimioterapia? Tem de haver alguma opção.

Maggie ficou calada ao telefone.

– Não, já perguntamos tudo isso. Não há mais nada que possam fazer. Está avançado demais. Thomas vai morrer.

Conversei com Maggie por mais alguns minutos. Eu não conseguia acreditar naquilo. Thomas esbanjava saúde. Procurei na internet o telefone da minha companhia aérea e fiz outra ligação. Eu precisava voltar para os Estados Unidos.

4

COLOQUEI A MOCHILA no compartimento de bagagem e me sentei na poltrona a bordo do 777. Ainda não conseguira absorver completamente a notícia sobre Thomas. Eu sabia que era verdade, mas, por algum motivo, aquilo não parecia real. Eu o vira há alguns meses e ele aparentava estar bem. Como, de repente, podia estar morrendo?

Fiz um aceno discreto com a cabeça para a mulher sentada ao meu lado e fechei os olhos. Meus dedos ficaram fazendo pequenos movimentos circulares em torno das minhas têmporas.

– Você está bem? – Era a mulher que eu tinha cumprimentado há pouco.

Abri os olhos e a fitei.

– Estou, obrigado. É que acabei de receber uma péssima notícia. Um amigo está muito doente. Os médicos dizem que está morrendo.

– Oh – Minha resposta a pegara de surpresa. – Eu sinto muito, não quis me intrometer.

– Não, tudo bem... Quer dizer, não que esteja tudo bem... A situação dele não é nada boa. Mas não há nada que eu possa fazer a respeito agora. Na verdade, nem sei se posso fazer alguma coisa, mas quero voltar para conversar com ele. Para ajudar no que puder.

Fiz uma pausa e olhei para ela. Devia ter quase 40 anos. Tinha um rosto bonito, cabelos castanhos na altura dos ombros, olhos castanhos e traços angulosos. Estendi a mão e me apresentei:

– Eu me chamo Joe. Obrigado por se preocupar.

– De nada! Meu nome é Sonia – respondeu ela, apertando minha mão. – É um prazer conhecê-lo. Olha, eu não quis mesmo me intrometer. Se você quiser se desligar nas próximas 12 horas e ficar sozinho com seus pensamentos, eu compreendo perfeitamente.

Eu fiz que não.

– Não. Mas obrigado pela compreensão.

Ficamos sentados em silêncio por alguns instantes.

– Quem é o seu amigo? – perguntou ela. – O que ele tem?

– O nome dele é Thomas. Thomas Derale. É o maior líder do mundo. – Era uma forma estranha de descrever alguém, especialmente quando esse alguém era seu amigo, mas isso era o que me vinha à cabeça quando eu pensava nele.

– É uma descrição incomum.

– Eu sei. Ele é muitas outras coisas também, mas é assim que eu costumo pensar nele.

– E como foi que vocês se tornaram amigos?

– Essa é uma longa história.

Ela sorriu.

– Temos 12 horas pela frente, Joe, e eu sou uma ótima ouvinte.

Eu devolvi o sorriso.

– Está certo – assenti com a cabeça. – Tudo começou quando Thomas me fez uma perguntinha sobre um museu.

5

EU HAVIA CHEGADO à estação de trem às 6h47 da manhã. Era o primeiro trecho da jornada que eu fazia todos os dias, de segunda a sexta-feira. Começava no meu prédio, no extremo norte de Chicago, e incluía uma caminhada até a estação, uma viagem de trem e depois outra caminhada até o escritório.

Chicago é uma cidade ótima na primavera e no verão. Se deslocassem o equador cerca de 1.300 km para o norte, tudo seria perfeito. Infelizmente, não estávamos nem na primavera nem no verão. Era fevereiro e os termômetros registravam -12°C, mas a sensação térmica era de -19°C por causa do vento.

Acordei às 5h40 da manhã, com o despertador anunciando mais um dia de trabalho. Fui tiritando de frio até o chuveiro e fiquei debaixo da água quente na esperança de que, por alguma esquisitice da natureza, quando eu saísse fosse sábado, não segunda. Isso aconteceu comigo uma vez, quando eu era criança. Eu havia me levantado, tomado banho, me vestido e descido apenas para me dar conta de que era fim de semana e que eu não tinha de ir à escola.

Mas naquele dia não dei tanta sorte. Depois de uma tigela de cereal matinal e uma xícara de café, vesti um terno azul-escuro, uma camisa azul-clara, uma gravata elegante e saí porta afora. Após andar por dez minutos pela gelada Armitage Avenue, eu estava de pé na plataforma do trem.

E foi então que Thomas olhou para mim, fez um aceno com a cabeça e perguntou:

– Esta é uma manhã digna de museu?

Eu acabaria descobrindo que aquela era, de fato, uma manhã digna de museu, embora naquele momento eu não tivesse a menor ideia do que ele queria dizer. Aquele seria um dia especial porque foi quando conheci Thomas.

Na verdade, eu nem respondi de forma coerente quando ele me abordou. Ou pelo menos acho que não. As pessoas não costumam conversar com desconhecidos quando estão paradas na plataforma do trem, principalmente quando a temperatura está tão congelante. Thomas me pegou de surpresa tanto pela atitude quanto pela pergunta. Creio que grunhi uma resposta ou então murmurei algo de grande inteligência, como "ã-hã", e dei um sorriso daqueles que a gente dá quando escuta alguém falar alguma coisa mas não sabe ao certo o que o outro quis dizer.

Quando o trem chegou, embarcamos. Cada um foi para uma extremidade do vagão, então nossa conversa terminou onde eu a deixei, na plataforma, com o meu profundo "ã-hã".

Havia algo em Thomas, no entanto, que me fez pensar naquela pergunta o dia todo. Ele usava um sobretudo longo de lã preta e luvas. Seu cabelo tinha um corte curto e sóbrio, e ele tinha presença. Sabe quando uma pessoa simplesmente domina um ambiente ao entrar? Pois Thomas possuía essa qualidade mesmo às 6h47 da manhã numa plataforma de trem lotada de estranhos, em pleno inverno de Chicago.

6

SONIA ERGUEU A VISTA para me olhar.

– E o que aconteceu com ele?

– Bem, eu procurei por ele o resto da semana. Aquela pergunta estava me incomodando. Que diabos seria uma "manhã digna de museu"? Mas ele não apareceu.

Fiz uma pausa e continuei.

– Depois de um fim de semana com duas festas barulhentas, muitos martínis e uma ressaca no domingo, eu praticamente havia me esquecido do episódio com Thomas. Pelo menos até subir as escadas que levavam à plataforma na segunda de manhã e vê-lo lá, de pé. Ele se destacava como um farol. Sua roupa não era nada incomum, sua pasta podia pertencer a qualquer pessoa. O cara simplesmente tinha presença.

EU ME APROXIMEI dele e estendi a mão.

– Bom dia. Eu sou Joe.

Ele respondeu ao cumprimento.

– Bom dia, Joe, meu nome é Thomas.

– Thomas, isto provavelmente vai lhe parecer coisa de maluco, mas na segunda-feira passada você me perguntou algo sobre museus?

Ele sorriu.

– Sim. Perguntei se aquela era uma manhã digna de museu.

Assenti com a cabeça.

– Bem, tenho de admitir que, apesar de não saber o que isso significa, sua pergunta não me saiu da cabeça durante os últimos dias. O que você quis dizer com aquilo?

Thomas sorriu outra vez.

– Essa é uma história um tanto incomum, Joe. Tem certeza de que está interessado?

– Estou – respondi, quando o trem parou na plataforma e as portas se abriram.

Olhei para Sonia.

– Por algum motivo eu realmente estava interessado. Foi muito esquisito. Eu não costumava prestar bastante atencão à conversa das pessoas que acabara de conhecer. Muitas vezes até fingia um certo interesse, mas dessa vez estava mesmo curioso.

Sonia deu um sorriso encorajador.

– Naquela manhã o trem não estava tão cheio como de costume e eu e Thomas conseguimos sentar lado a lado. Ele começou a nossa conversa com uma pergunta.

– Joe, você sabe quanto tempo a maioria das pessoas vive?

Eu dei de ombros.

– Ah, não sei, 70, talvez 80 anos.

– Chegou perto. Nos Estados Unidos, o ser humano médio vive em torno de 28.200 dias ou, aproximadamente, 75 anos. A gente espera que seja um pouco mais, às vezes acaba sendo um pouco menos, mas estatisticamente falando, são mais ou menos 28.200 dias.

De certa forma, essa resposta me surpreendeu.

– Eu nunca havia pensado nisso dessa forma – comentei. – A vida parece mais curta quando a gente pensa em termos de dias em vez de anos.

– É, parece mesmo. Torna a coisa mais real.

– Certo, então a vida dura mais ou menos 28.200 dias. Mas o que isso tem a ver com uma manhã digna de museu?

– Você já esteve num museu de história, Joe? Já vagou pelas galerias, olhando fotos antigas? Já reparou nas imagens que mostram pessoas no trabalho, de uniformes militares, com a família ou entre amigos?

Fiz que sim com a cabeça.

– É claro.

– Bem, certa vez eu estava em Orlando, na Flórida, para uma conferência. Saí para passear de carro e encontrei um pequeno museu num lugar chamado Winter Garden. O museu estava repleto de fotos de pessoas que fizeram parte da história da cidade, mostrando o que elas realizaram e os eventos que ocorreram nos últimos 150 anos. Enquanto percorria o acervo, algo me ocorreu: e se cada dia de nossa vida fosse catalogado? E se, no final, um museu fosse erguido para mostrar exatamente como usamos o nosso tempo, quem conhecemos, o que sentimos?

Olhei para Thomas, confuso.

– Pense desta maneira, Joe. Se gastássemos 80% do nosso tempo em um emprego do qual não gostamos, então 80% do museu seria dedicado a nos mostrar infelizes no ambiente de trabalho. Haveria fotos e citações e pequenos monitores de vídeo nos quais as pessoas poderiam escolher cenas de diferentes momentos de infelicidade. Se tivéssemos um relacionamento amigável com 90% das pessoas com as quais interagimos, isso seria mostrado. Se vivêssemos zangados ou contrariados e berrássemos com 90% das pessoas que nos rodeiam, isso também poderia ser visto.

Seus olhos estavam faiscando de entusiasmo.

– Se gostássemos da vida ao ar livre e de conviver com a família e os amigos, mas só passássemos 2% do tempo alimentando essas paixões, apenas 2% do nosso museu seria dedicado a isso, não importa quanto quiséssemos que fosse diferente. Talvez houvesse apenas algumas poucas fotos desses momentos emolduradas no final de um longo corredor.

Thomas fez uma pausa e depois continuou.

– Imagine como seria caminhar por esse museu no final da vida, ver os vídeos, ouvir o áudio, olhar as fotos. O que pensaríamos ao nos dar conta de que pelo resto da eternidade aquele museu seria a forma pela qual seríamos lembrados? Cada pessoa que caminhasse por ele nos conheceria como fomos de verdade. Nosso legado seria baseado não em como sonhamos viver, mas em como realmente vivemos.

Thomas deu um suspiro e concluiu:

– Imagine se o paraíso, ou a vida eterna, ou o que quer que você pense sobre o que acontece depois da morte, consistir em sermos eternos guias do nosso próprio museu. – Ele fez uma breve pausa. – Foi por isso que fiz aquela pergunta.

7

– EU NÃO SEI O QUE esperava quando questionei Thomas sobre aquela pergunta, mas, pode acreditar, não imaginava que fosse nada parecido com o que ele me falou.

Sonia parecia perplexa.

– Mas é um conceito impressionante. Isso é que é olhar a vida de uma perspectiva diferente. Como você reagiu?

– Ah, acho que disse algo inteligente e espirituoso como "ã-hã".

Sonia riu outra vez.

– Não, você não disse isso.

– Tenho quase certeza de que disse, sim. Lembre-se de que o sujeito era um perfeito desconhecido. Na época, fiquei pensando: "Que tipo de pessoa faz uma pergunta dessas a um estranho?"

– E o que você fez?

– Perguntei isso a ele.

– E?

– Ele me olhou nos olhos e respondeu: "Eu." E, conhecendo Thomas como o conheço hoje, isso não me causa nenhuma estranheza. Ele acredita que os tais 28.200 dias são curtos demais para conversa mole. Na época, aquilo definitivamente me desconcertou.

– Posso imaginar! – disse Sonia.

– Pois é. Depois eu não resisti e perguntei por que ele fazia a pergunta do museu às pessoas. Ele respondeu que gostava de conhecer gente interessante e que essa era uma boa forma de iniciar a conversa. Então, eu quis saber se ele falava sobre isso com todo mundo que encontrava, e ele disse que só de vez em quando. Mas foi o comentário que ele fez em seguida que realmente deu o pontapé inicial na nossa amizade.

– O que ele falou?

– Quando perguntei se isso significava que eu era uma pessoa interessante, já que ele havia falado comigo sobre a história do museu, ele sorriu e disse: "Estou começando a duvidar dos meus instintos." Thomas falou isso com uma cara tão séria que, de início, achei que fosse verdade. Então ele começou a rir. Aí eu comecei a rir também e nos tornamos amigos.

Sonia sorriu.

– Alguma vez ele explicou por que escolheu você?

Eu fiz que sim.

– Anos mais tarde eu perguntei. Ele disse que viu em mim o que já havia visto em outras pessoas e que via em si mesmo quando jovem. Uma grande esperança, grandes oportunidades envoltas num silencioso desespero.

Sonia balançou a cabeça, admirada.

– Uau, esse sujeito parece ter realmente algo mais.

– E tem. Eu não estava brincando. Acredito que ele seja mesmo o maior líder do mundo.

– Mas você não disse que ele era seu amigo? Falando assim, ele parece ser seu chefe. Você trabalha para ele?

– Não. E essa é uma das coisas que tornam Thomas o grande líder que é. Ninguém trabalha *para* Thomas, trabalha *com* ele.

– Sério?

– Sério. Ele criou uma cultura em que todo mundo está no mesmo barco, faz parte da mesma jornada. As pessoas possuem tarefas diferentes e têm salários diferenciados, mas não existe a separação tradicional entre chefes e subordinados.

– E isso funciona?

– Funciona nas empresas dele. Thomas ganhou fortunas assim, e as pessoas que trabalham com ele também.

Sonia ergueu levemente a sobrancelha, surpresa.

– Hum. O.k., bem, vamos voltar à minha pergunta anterior. Já que você não trabalha *para* ele, trabalha *com* ele, então?

– Trabalho. Algumas vezes por ano. Minha agenda é muito flexível. Na verdade, trabalhar com o Thomas não é trabalhar de verdade.

– Como assim? Você não trabalha? – Ela sorriu. – Não é à toa que as pessoas o consideram um grande líder.

– Não, não é bem assim.

– Mas você acaba de dizer...

– Eu sei. Parece complexo, mas é bastante simples. Essa é outra coisa que faz de Thomas um líder tão incrível. Ele torna a liderança simples.

8

– TENHO UMA IDEIA. Você quer conhecê-lo?

Sonia inclinou a cabeça e fez uma expressão de quem está confuso.

– O quê? Quando?

– Agora mesmo. – Estendi a mão em direção ao bolso da poltrona à minha frente e peguei meu iPod. – Thomas criou isso há muito tempo, mas atualizamos para poder ser baixado da internet. – Apertei alguns botões até encontrar o arquivo que procurava e, então, entreguei os fones para Sonia.

– O que vou escutar? – perguntou ela, colocando os fones nos ouvidos.

– Assistir, na verdade. É o Thomas. Quando criou sua primeira empresa, ele escreveu um texto sobre sua filosofia de liderança e algumas ideias de como criar uma organização bem-sucedida. Com o passar dos anos, esse texto foi transformado em áudio e, agora, em vídeo.

– Legal.

Eu sorri.

– Espere só até assistir.

Apertei o PLAY e, num instante, a imagem de Thomas surgiu sorrindo na pequena tela. Embora Sonia estivesse usando os fones, pude ouvir o som abafado da voz de Thomas.

Olá a todos, meu nome é Thomas Derale. Fico emocionado por você estar dispondo do seu tempo para assistir a isto. Espero que o que estou prestes a compartilhar o inspire de alguma maneira. Desde que criei essa teoria há muitos anos, ela tem sido uma parte importante da minha vida.

Antes de fundar minha primeira empresa, passei um bocado de tempo pensando em como queria que ela fosse e em quem eu queria ser como líder. Também pensei muito em como podia tornar minha filosofia algo fácil de ser compreendido e explicado. Então uma tarde eu estava sentado no meu escritório em casa, olhando umas fotografias penduradas na parede e algo me veio à cabeça. Desde criança, eu sou um viajante. Adorava pegar a bicicleta e ir pedalando a lugares onde nunca tinha ido. Vagava pelos bosques próximos à minha casa e explorava trilhas e leitos de riachos, coletava girinos... Nunca parei para analisar por que eu fazia essas coisas. Eu apenas gostava delas, então, sempre que possível, as fazia. À medida que fui crescendo, comecei a sonhar em conhecer o mundo.

Naquele dia, enquanto olhava as fotos nas paredes – fotos de minha esposa e eu em diferentes locais do mundo – e recordava as aventuras da infância, me dei conta de que sempre vi a vida como uma jornada. Do dia em que nascemos até o dia em que morremos, nossa vida está sempre indo a algum lugar e nós estamos sempre fazendo alguma coisa.

Certa vez, um amigo compartilhou comigo a importância de encontrarmos nosso próprio Propósito De Existir – ou PDE, como ele chama. Significa exatamente isto, o motivo de estarmos aqui, o porquê de termos nascido. Gosto da ideia de que cada indivíduo tem um motivo para viver, um propósito para a sua existência.

Enquanto eu pensava nas minhas crenças sobre liderança e sobre a teoria de que a vida é uma jornada na qual temos a oportunidade de cumprir o nosso Propósito De Existir, tudo ficou claro para mim. Descobri que, assim como as pessoas, as empresas também têm seu PDE.

Assim, em vez de ter um PDE pessoal, que eu tentaria satisfazer aos sábados, domingos e sempre que tivesse alguma disposição após um dia de trabalho, e ter um PDE corporativo completamente diferente pelo qual eu trabalharia durante longas horas a semana toda, pensei: por que não criar e dirigir uma empresa cujo PDE estivesse alinhado com meu PDE pessoal?

Se o propósito da minha vida fosse um ponto no horizonte, então eu deveria criar uma empresa cujos objetivos principais estivessem nesse mesmo lugar.

Eu imaginava que, se conseguisse isso, desfrutaria mais do tempo que passava no trabalho. Eu não ficaria eternamente admi-

nistrando uma batalha interna entre a direção tomada pela minha carreira e minha vida pessoal. As duas estariam alinhadas. Meu tempo no trabalho seria tão útil para meu PDE quanto os momentos passados fora do escritório.

Pelas experiências anteriores, eu já havia provado que podia ter muito sucesso nos negócios sem que minha vida pessoal e minha carreira estivessem em harmonia. Portanto, era lógico deduzir que eu seria ainda mais bem-sucedido se estivessem.

Então decidi contratar pessoas que não só fossem inteligentes e capazes como, também, cheias de garra. Eu queria o máximo de garra possível. Assim, desde aquela época, passei a só aceitar profissionais cujo Propósito De Existir estivesse alinhado com o PDE da empresa.

Essa decisão, mais do que qualquer outra na minha história como líder, me permitiu atingir um sucesso impressionante. Na minha companhia, não tenho gente que trabalha para mim. Todos trabalhamos em prol de um objetivo comum. Somos companheiros de viagem, ajudando uns aos outros a seguir em direção a um ponto semelhante no horizonte. Quando tenho sucesso, eles se beneficiam. Quando eles têm sucesso, eu me beneficio.

Existem duas maneiras de se criar e dirigir uma empresa. A primeira é adotar um modelo empresarial bem-sucedido e acrescentar diversas vantagens para que as pessoas queiram trabalhar lá. É possível alcançar o sucesso fazendo isso. É assim que a maioria das organizações é fundada e administrada.

Mas, para se atingir um sucesso notável, é preciso fazer o oposto. Comece oferecendo o benefício máximo: a oportunidade de ser pago para fazer o que o satisfaz. Aí, sim, lance mão dos mais bem-sucedidos modelos empresariais existentes.

9

APERTEI UM BOTÃO e desliguei o iPod.

Sonia tomou um longo gole de água e ficou em silêncio por um momento.

– Desculpe, Sonia, eu a entediei com isso?

– Nem um pouco. – Ela sorriu. – Foi impressionante. Fiquei quieta porque você me fez pensar. Fui a Barcelona para uma conferência sobre liderança. O evento foi incrível, mas tenho a sensação de que aprendi muito mais nos últimos 30 minutos do que em três dias de reunião.

Ela me devolveu o iPod.

– De onde Thomas tira essas ideias?

– Ele vive aprendendo, e esse é um dos motivos que o tornam um líder tão completo. Quando descobre algo de interessante em outra empresa, implementa na dele. Muitas das práticas que adota foram ideias suas, mas outras foram copiadas. Ele se orgulha de ter criado a filosofia de que os funcionários só podem ocupar cargos que satisfazem seu PDE e seus Cinco Grandes...

Sonia me interrompeu.

– O que são os Cinco Grandes?

– Ah, desculpe. São uma parte importante da filosofia dele. Daqui a pouco explico melhor, está bem?

– Claro, tudo bem.

– Então, essa é uma das ideias fundamentais de Thomas. As pessoas que trabalham com ele só gastam seu tempo em tarefas de que gostam. Mas depois de criar a teoria, havia a grande questão: como colocar isso em prática?

– É uma ideia realmente revolucionária. Como ele encontrou a solução?

– Ele encontrou parte da resposta na indústria do entretenimento. Durante uma visita a Disney World, Thomas estava conversando com uma amiga e ela mencionou que as pessoas que trabalham para a Disney Company não são chamadas de empregados, mas de "membros do elenco". Segundo a filosofia deles, como o ramo da Disney é o entretenimento, todo mundo que está na folha de pagamento faz parte do show. Todos têm a oportunidade de criar um impacto positivo na experiência do visitante.

Ao ver a expressão confusa de Sonia, tentei explicar melhor.

– Por exemplo, uma coisa que ele viu acontecer várias vezes enquanto passeava por lá: alguém estava passando e via um visitante tirar uma foto. Bem, se fosse um "empregado" que estivesse sendo pago para trabalhar na contabilidade, na administração ou na limpeza, provavelmente passaria direto. Mas como essas pessoas são membros do elenco e fazem parte do show, não importa qual seja a sua função, quando veem um visitante tirando uma foto, se oferecem para bater a fotografia, de forma que ele possa aparecer no retrato.

Sonia assentiu.

– Interessante.

– É, sim, e muito eficaz. Por isso Thomas adotou a ideia. Usou sua filosofia da jornada para ajudar seu pessoal a compreender o que significava ser membro de sua equipe. A partir daí, não chamou mais ninguém de empregado. Uma vez que os profissionais que faziam parte de suas empresas seguiam juntos numa caminhada comum, não fazia sentido pensarem em si mesmos e nos outros como empregados, mas como companheiros de viagem.

Sonia assentiu outra vez.

– E funcionou? Posso imaginar alguns céticos da minha empresa dizendo que isso é tudo bobagem.

– Em primeiro lugar, funcionou, sim. E ainda funciona. Palavras são ferramentas poderosas que podem apoiar ou atrapalhar.

Uma das citações favoritas do Thomas é a seguinte: "Se dissermos as mesmas palavras com frequência suficiente, até nossa mente começará a acreditar que são verdade." Para ele, por que não dizer algo positivo em vez de algo negativo?

– Eu não conheço ninguém que tenha uma reação positiva à palavra *empregado*. No máximo ela gera uma resposta emocional neutra. Mas um viajante em plena jornada? Isso é algo que as pessoas encaram de forma positiva.

– Além do mais – continuei –, Thomas descobriu que esse é um ótimo mecanismo de triagem. Em geral, gente que acha essa ideia boba não se importa em investir seu tempo num trabalho que não lhe traz satisfação. E ele não quer esse tipo de gente em suas empresas. É ruim para o astral geral e péssimo para a produtividade.

Sonia olhou para mim, surpresa.

– Produtividade? Parece uma palavra muito focada nos lucros para um sujeito tão preocupado com o bem-estar das pessoas.

Inclinei o corpo em direção a ela.

– Quer saber um segredo?

– Claro.

– Os lucros estão atrelados às pessoas. Não se pode separar os dois.

10

– É MESMO? Então prove – disse Sonia.

– Você quer estatísticas ou exemplos?

– Os dois.

Eu ri.

– Certo. Mas, antes, deixe eu lhe contar o que Thomas pensa sobre os lucros. O lucro deve ser o enfoque número um de qualquer empresa.

– Isso parece contrário à teoria da realização pessoal que você mencionou.

– De forma alguma. Sem lucros, uma empresa não consegue funcionar. Se a empresa não funciona, ninguém é pago. E se ninguém é pago, por mais realizadas que as pessoas se sintam, elas vão acabar indo embora. Assim, logo, logo não há gente, produtos, fregueses ou empresa. Todo mundo sai perdendo. Mas se a empresa for sempre rentável, as pessoas podem ser pagas para fazer coisas que as satisfazem, os clientes ficam contentes e todo mundo sai ganhando.

– Sei...

– Deixe-me explicar melhor – falei, me ajeitando na poltrona. – Se a preocupação número um for aumentar os lucros, então a verdadeira questão é: como fazer isso? A resposta está no vídeo a que você acabou de assistir. Você combina gente talentosa em busca de seu Propósito De Existir com uma organização que tenha um objetivo parecido. Então você passa a ter gente fazendo um trabalho que não só proporciona um bom salário, como ainda traz realização. A seguir, é só implementar estratégias como publicidade, franquias ou o que fizer sentido em cada caso. É possível encontrar exemplos disso por todo lado.

Sonia concordou com um gesto de cabeça.

– Realmente parece ser bem eficaz.

– E é. Eficácia é igual a lucro. Você disse que queria estatísticas, não é?

– Disse.

– Pode me emprestar um papel e uma caneta?

Sonia pegou a bolsa e me deu uma folha de caderno e uma caneta com um papagaio esquisito em cima.

– Existem dois grandes fatores que influenciam os lucros. O primeiro é a produtividade: quão eficientes as pessoas são. O segundo é a rotatividade: com que frequência os profissionais se demitem e é preciso substituí-los por outros. Sobre qual dos dois quer conversar primeiro?

– Tanto faz.

– Bem, então comecemos pela produtividade. Vamos fazer de conta que temos uma empresa com mil funcionários chamada Cia. Mediana. Nosso lucro anual, ou seja, faturamento menos gastos, é de 200 milhões de dólares. Fazendo uma média, cada profissional gera cerca de 200 mil por ano. Está acompanhando?

– Estou. Mas acho que não podemos afirmar que todo mundo numa empresa tenha um impacto equivalente sobre os lucros.

– Concordo. Algumas pessoas exercem atividades mais diretamente relacionadas à geração de lucro e por isso causam um impacto maior. Outras têm tarefas menos relacionadas à geração de dinheiro e aí seu impacto é menor. No entanto, todos estão trabalhando em equipe e um dos objetivos de todos é maximizar os rendimentos da organização. Então, na verdade, todos são responsáveis pelos lucros.

Sonia concordou com a cabeça.

– O.k., até aí estou de acordo.

– Ótimo. Então vamos falar de produtividade. Qual o grau de produtividade que você diria que o ser humano médio tem no trabalho?

– Como assim?

– Numa escala de 1 a 100, quanto você acha que uma pessoa comum se aproxima de ser totalmente dedicada, eficiente e comprometida com seu trabalho? Outra forma de ver a questão é: quanto tempo as pessoas desperdiçam *versus* quanto tempo passam se esforçando para que a empresa atinja seu PDE.

Sonia ainda parecia um pouco confusa.

– Bem, vou facilitar as coisas para você. – Escrevi cinco perguntas no papel que ela havia me dado. – Responda essas questões, dando notas de 1 a 10. Considere que cada uma delas representa 20% da produtividade total.

Perguntas sobre produtividade	*Classificação de 1 a 10 (1 é produtividade baixa, 10 é alta)*
1. As pessoas se mostram entusiasmadas quando chegam na segunda-feira de manhã.	
2. As pessoas desempenham suas tarefas sem que alguém as supervisione e não tentam se esquivar de suas obrigações. (Ex.: bate-papos demorados, pausas para o café, atrasos no horário de almoço...)	
3. As pessoas compreendem o PDE da organização (ou do departamento, divisão, etc).	
4. As pessoas compreendem como suas tarefas ajudam a organização a satisfazer seu PDE.	
5. As pessoas estão satisfazendo seu próprio PDE mediante o trabalho que são pagas para fazer. (Se você não acredita que as pessoas compreendem o próprio PDE, este item deve receber um 1.)	
Total	

– Vamos lá, preencha isto – falei, passando a folha para Sonia. – Um é a nota mínima e dez é a máxima. Por exemplo, na primeira questão, se as pessoas demonstram entusiasmo quando aparecem para trabalhar na segunda de manhã, 1 indicaria que não demonstram entusiasmo algum e 10 que se mostram extremamente entusiasmadas. Então, some as notas das cinco questões e depois multiplique o total por dois. Isso lhe dará uma forma fácil de calcular a produtividade numa escala de 1 a 100.

Aguardei alguns instantes enquanto Sonia preenchia o papel.

– Qual foi o resultado?

Ela correu um dos dedos pelas respostas registradas na folha.

– Dei seis para a primeira questão, sete para a segunda, sete para a terceira, oito para a quarta e seis para a quinta. Então é para eu somar isso e multiplicar por dois... – Ela ergueu os olhos, calculando mentalmente. – Sessenta e oito. É isso?

– Perfeito. Na verdade, não existe certo ou errado. Esse é o número que você acredita ser o correto para o seu local de trabalho ou, no nosso exemplo, para o ser humano médio da nossa empresa hipotética.

– Então, e agora?

– Bem, vamos voltar à Cia. Mediana. Já calculamos que cada funcionário gera 200 mil dólares por ano de rendimento líquido total. E com base no que você acaba de calcular, fazem isso trabalhando com apenas 68% de sua capacidade produtiva. Foi assim que Thomas ganhou muito dinheiro com suas empresas. Desde o começo ele se deu conta de que as pessoas são mais produtivas quando trabalham com prazer. Isso não é novidade, certo? Se analisar essas perguntas, é fácil perceber que as notas subiriam se o nosso ser humano médio estivesse investindo seu tempo em algo que lhe satisfizesse de alguma maneira.

– Sim, faz sentido.

– Mas aqui está a grande sacada: Digamos que os 68% que você calculou aumentem para 80%. Bem, produzindo 68%, cada funcionário gerava 200 mil. Usando um pouco de matemática básica... – Escrevi a fórmula no papel.

$$68\% \text{ \_\_\_\_\_\_ } 200.000$$

$$80\% \text{ \_\_\_\_\_\_ } X$$

$$X = \frac{80 \times 200.000}{68}$$

$$X = 235.294$$

–... descobrimos que utilizando 80% de sua produtividade, cada funcionário agora gera mais de 235 mil dólares por ano. O que significa que, como a Cia. Mediana tem mil funcionários, a empresa acaba de aumentar seu rendimento em...

– Mais de U$35 milhões – completou Sonia.

– Correto. E isso não é faturamento, é lucro. *Muito* lucro.

Sonia pegou o papel e o olhou.

– Então, como é que se passa de 68% para 80% de produtividade?

– Boa pergunta – respondi. – Mas espere um pouco, pois quero explicar antes a outra área que mencionei, a rotatividade. As taxas de rotatividade variam muito de empresa para empresa. Em consultorias profissionais, talvez essas taxas girem em torno de 15%. Em serviços de atendimento ao cliente, é possível que estejam na casa dos 45%. Para o nosso exemplo, vamos escolher algo intermediário. Vinte e quatro por cento está bom para você?

– Sim, parece bom.

– Certo, pois eis onde as empresas de Thomas fazem uma contribuição significativa para o seu lucro total. Uma porcentagem de rotatividade de 24% significa que 240 pessoas saem da Cia. Mediana a cada ano. Você sabe quais são os gastos envolvidos na demissão de uma pessoa e na contratação de outra?

Sonia levou a mão ao queixo.

– Isso varia, mas em geral há um custo para se contratar um funcionário. Muitas vezes é preciso publicar anúncios ou pagar agências de emprego. E também há os gastos com o treinamento desse novo profissional.

– Você tem razão, essas são duas grandes despesas. Só elas já prejudicam bastante o faturamento da empresa. Mas não significam nada comparadas à baixa produtividade. – Olhei para ela. – Como você acha que é a produtividade de uma pessoa três meses antes de ela deixar um emprego do qual não gosta?

– Bem, falando por mim mesma, quando começamos a procurar um novo emprego, e especialmente quando já o encontramos, passamos a fazer as coisas no piloto automático. Eu diria que a produtividade decresce à medida que vai chegando a hora de sair, mas acredito que alguém que está deixando um emprego do qual não gosta esteja usando apenas 50% de sua capacidade produtiva nos últimos três meses antes de partir.

– Está certa – concordei. – E o que você me diz de quando uma nova pessoa começa? Qual é a produtividade dela nos *primeiros* três meses?

– Bem, isso não é um número exato e depende da complexidade do trabalho. A produtividade começa baixa e depois sobe bastante ao se aproximar do terceiro mês. Eu diria uma média de 50% também.

– Excelente. Lembre-se de que ninguém gosta de mudanças. Quando clientes, produtores e fornecedores precisam lidar com gente nova com muita frequência, a experiência pode não ser boa. Principalmente quando isso significa receber assistência e apoio aquém do esperado. Quando uma empresa oferece isso continuamente, as pessoas vão gastar seu dinheiro em outro lugar.

– Faz sentido – disse Sonia.

– Agora vamos aos cálculos. A taxa de rotatividade da empresa de Thomas nunca ultrapassa os 5%. Então vou usar esse número para a nossa Cia. Mediana Melhorada.

Escrevi por extenso as informações que havíamos discutido, peguei a calculadora, fiz umas contas rápidas e preenchi a tabela que havia criado.

	Cia. Mediana	Cia. Mediana Melhorada
Rotatividade Anual	*24%*	*5%*
Produtividade Declarada	*68%*	*80%*
Produtividade dos funcionários nos 3 últimos meses antes de saírem da empresa e dos novos funcionários nos 3 primeiros meses de serviço	*50%*	*50%*
Produtividade real quando os 50% de produtividade dos que saem e dos que entram é levada em consideração	*66%*	*79%*
Rendimento líquido com aumento de produtividade a uma taxa de rotatividade de 24%		*$28.643.216*
Ganho adicional em função de melhorias na produtividade devido à redução de rotatividade		*$17.902.010*
Ganho adicional devido aos menores custos de recrutamento e treinamento pela redução da rotatividade		*$4.560.000*
Ganho de renda líquida total		*$51.105.226*

Sonia olhou os números que eu acabara de escrever.

– Sinto muito, Joe, mas você vai ter de me mostrar ponto por ponto como chegou a esses resultados.

– Sem problemas. Trata-se de uma combinação do que acabamos de discutir com números que usamos no nosso cálculo original. Lembra-se de que falei que o lucro líquido da empresa era de 200 milhões de dólares e que com mil funcionários a contribuição de cada um era de 200 mil?

– Lembro.

– Bem, a única coisa que fiz foi calcular como o rendimento líquido da empresa aumentaria se fosse melhorada a produtividade geral e se fosse reduzida a taxa de rotatividade. No entanto, tive de incluir algo de grande importância nessas contas...

– A baixa produtividade das pessoas que estão saindo e que estão entrando – concluiu Sonia.

– Isso mesmo. As pessoas que estão saindo ou entrando produzem apenas 50% do que poderiam, muito menos do que os 68% a a que chegamos por meio do questionário e dos 80%, que é nosso nível de produtividade hipotética na Cia. Mediana Melhorada.

Sonia assentiu.

– Entendi. Uma rotatividade muito alta tem mais impacto sobre os lucros do que as pessoas imaginam, não é?

– É. Aumentar a produtividade tem um efeito muito positivo sobre os lucros de uma empresa. Quando você alia maior produtividade com baixa rotatividade, passa a ter um impacto muito maior.

– O que me leva de volta à minha pergunta anterior – disse Sonia. – Como se faz isso?

– Aí é que está a genialidade de Thomas. Ele percebeu que quanto mais o PDE de uma pessoa se assemelha ao PDE de uma organização, maior a probabilidade de que ela permaneça no emprego. E quanto mais suas tarefas estão alinhadas com seu PDE e com seus Cinco Grandes, mais produtivas elas são *e* maiores as chances de continuarem na empresa.

Olhei para Sonia para ter certeza de que ela estava acompanhando, então continuei.

– O efeito disso é que, como a equipe de Thomas fica mais tempo no emprego e é mais produtiva, os lucros de suas empresas são mais altos. Ou seja, ter o lucro como foco principal não vai na contramão da filosofia dele, pois é justamente a preocupação com as pessoas que gera a lucratividade.

– Isso funciona mesmo?

– Sim. Thomas vem provando isso em suas companhias há duas décadas. Como eu disse antes, sua taxa de rotatividade nunca foi mais do que 5%, e eu colocaria suas cifras de produtividade em torno dos 90%. Certa vez, li um artigo que analisava os resultados de mais de 300 empresas. Esse estudo levava em conta três componentes principais.

– Quais?

– O primeiro era a adequação do funcionário ao seu posto. As empresas contratavam uma pessoa porque suas habilidades se encaixavam às tarefas exigidas pelo cargo, ou porque ela se adequava aos valores e à cultura da empresa?

– Isso é parecido com a política de Thomas de alinhar o PDE da empresa com o do funcionário – observou Sonia.

Eu fiz que sim.

– É verdade. O segundo componente analisado foi liderança e técnicas de gerenciamento. Os líderes monitoravam de perto todos os detalhes do trabalho das pessoas ou lhes davam flexibilidade para completar suas tarefas da forma que achassem melhor? Acho que não cheguei a comentar isso com você, mas quando Thomas contrata os profissionais, ele lhes dá autonomia para encontrar a melhor forma de atingir o sucesso. Ele acredita que se você precisa ficar de olho nas pessoas para checar se estão fazendo o que deveriam, é porque contratou as pessoas erradas.

– Interessante. E o terceiro componente? – indagou Sonia.

– O terceiro dizia respeito à forma como as empresas contratavam e mantinham os funcionários, o que tem muito a ver com os cálculos que acabamos de fazer. A pesquisa verificou se as empresas motivavam as pessoas mediante bons salários e outros incentivos financeiros ou se criavam um ambiente agradável, onde todos se sentiam bem. Se não me engano, usaram o termo "ambiente de trabalho familiar".

– Isso também soa como a técnica de Propósito De Existir – opinou Sonia. – E quais foram os resultados desse estudo?

– O estudo comparou dois tipos de empresas: as que contratam com base na adequação da pessoa à cultura da companhia, e não apenas ao cargo; não ficam vigiando os funcionários, dando a eles autonomia e a chance de se autogerenciar; e motivam não com dinheiro, mas criando um "ambiente de trabalho familiar", e as que fazem o oposto. O resultado mostrou que as primeiras tinham um volume de vendas 22% maior, 23% mais lucros e taxa de rotatividade 67% menor.

Sonia pegou a folha de papel na qual eu havia escrito o nosso exemplo.

– Está bem próximo ao que calculamos – ela disse.

– Está, sim. E foi você que forneceu os dados principais. Deve ter acertado na mosca as respostas iniciais às questões sobre produtividade.

11

SONIA PEGOU A FOLHA DE PAPEL e colocou na bolsa.

– Joe, como você sabe isso tudo?

– Duas vezes por ano, Thomas convida os novos integrantes de suas empresas e seus principais parceiros, clientes e fornecedores para um evento de três dias. O objetivo é trocar experiências e compartilhar filosofias e estratégias de sucesso. No último encontro havia mais de duas mil pessoas.

– Você estava lá?

– Bem... na verdade, eu estava lá para dar palestras. Sempre chego umas quatro semanas antes para organizar o evento e vou embora uma ou duas semanas depois.

– Como foi que arranjou esse emprego?

– Foi ideia do Thomas. Foi a melhor solução que encontramos para que eu pudesse satisfazer meus Cinco Grandes...

Ela sorriu.

– Você vai ou não me explicar o que isso quer dizer?

Assenti e retribuí o sorriso.

– Vou, sim. Depois que nos conhecemos, passamos a nos encontrar todas as segundas-feiras no trem e a conversar durante a viagem. Às vezes falávamos sobre negócios, às vezes, sobre a vida. Era só um bate-papo, e eu só o via às segundas. Alguns meses depois, estávamos juntos no trem e comecei a reclamar do meu trabalho. Então ele me perguntou por que eu estava naquele emprego se o detestava tanto. Pensei um pouco e disse que não sabia o que mais eu poderia fazer. Aí ele me perguntou se eu gostaria de conhecer uma pessoa interessante, que provavelmente "mudaria a minha vida para melhor", nas palavras dele.

Sonia me lançou um olhar divertido.

– Difícil recusar uma oferta dessas, hein?

– Pois é, e eu não recusei. Thomas marcou uma reunião comigo, acredite, num zoológico.

– Num zoológico?

– É. Encontrei Thomas na entrada do zoológico e ele me conduziu até a moderna área dos gorilas. Ao chegarmos, vi uma jovem trajando roupas cáqui parada no portão. Ela devia ter entre 25 e 30 anos e logo notei que tinha uma presença impressionante, como a de Thomas. Assim que nos aproximamos, ela deu um forte abraço nele.

– Que bom vê-lo, Thomas.

– Igualmente, Katie. Como está?

– Está tudo maravilhoso. Você me pegou entre viagens. Vou para o Quênia dentro de duas semanas, mais ou menos.

Thomas se virou para mim.

– Katie, quero lhe apresentar o amigo do qual lhe falei ao telefone. Este é Joe.

Katie sorriu e apertou minha mão.

– É um prazer conhecê-lo, Joe. Thomas contou que você detesta a sua vida profissional.

Achei graça de sua franqueza e objetividade.

– É um prazer conhecê-la, também. – Eu me virei para Thomas. – Obrigado por me descrever de maneira tão favorável.

– Oh, não. Ele disse que você é um ótimo sujeito. – Katie piscou para Thomas. – Só mencionou que você odeia o seu trabalho.

Thomas riu.

– Bem, se eu não lhe contasse, você descobriria por conta própria. Joe é mesmo um cara legal. Mas está meio perdido, então achei que você poderia contar sua história e, quem sabe, inspirá-lo um pouco. E, se não se importa, vou deixá-lo nas suas habilíssimas mãos e visitar alguns amigos.

Katie virou-se para mim.

– Tudo bem por você?

– Claro. Desde que você não me jogue na jaula dos leões.

Ela sorriu.

– Já fizemos isso com duas pessoas hoje. Não preciso de mais uma.

Thomas riu.

– Já vi que vai correr tudo bem. Joe, a gente se vê no trem. Katie, obrigado. – Então Katie e Thomas se abraçaram e ele se foi.

– Ele tem outros amigos aqui no zoológico? – indaguei.

– Sim. E dois deles, em especial, têm um impacto tremendo sobre o nosso sucesso. Pode conhecê-los mais tarde, se quiser.

– É mesmo, onde trabalham?

– Ali, na área dos paquidermes. São uma *grande* parte deste zoológico.

– Por que tenho a sensação de que você está zombando de mim? Os amigos do Thomas não são pessoas, são?

Katie abriu um sorriso.

– Não, Joe, não são pessoas. Uma das empresas de Thomas patrocinou a reforma do espaço reservado aos elefantes. Há dois anos, eu servi de guia para ele e sua esposa, Maggie, e quase 30 funcionários seus durante um safári na África. Tivemos algumas experiências fantásticas com animais, especialmente com elefantes. E então, quando voltaram da viagem, decidiram separar uma parcela dos lucros anuais e doá-la ao zoológico.

Eu estava impressionado. Ela continuou:

– Os amigos de Thomas são dois filhotinhos de elefante e suas mães. Eles iam ser mortos porque ficavam invadindo fazendas e comendo as plantações. Então nós os acolhemos. Thomas os visita toda vez que vem aqui, assim como o pessoal que trabalha com ele. É incrível como as pessoas abraçam rapidamente uma causa quando ajudam a criá-la.

– Pelo que ele tem me contado, é assim que administra suas empresas.

– Conhecendo o Thomas como conheço, acredito que seja mesmo. Certamente envolver as pessoas é mais eficaz do que fazê-las se dedicar a atividades pelas quais não se interessam. Você deveria ver algumas das coisas que nossos voluntários fazem aqui.

– Fala sério?

– E como falo! Há uns cinco anos, começamos o programa voluntário. Gente de toda a cidade, que gosta de animais, dedica um pouco do seu tempo ao zoológico. E, assim, essas pessoas orientam os visitantes, ajudam com os animais... No começo eram poucos, hoje temos quase 100 voluntários. Por causa deles, somos capazes de proporcionar aos visitantes uma experiência muito mais rica. Isso não só nos ajuda a cumprir nosso propósito, como também faz com que as pessoas retornem, gerando mais dinheiro para o zoológico. E como são voluntários, não os pagamos, o que é bom porque não teríamos mesmo condições de fazê-lo.

– Impressionante.

Ela sorriu.

– Obrigada, também achamos.

Olhei para o prédio atrás de Katie, onde ela estivera nos esperando.

– É aí que você trabalha?

– Só parte do tempo. Passo cerca de seis meses aqui e seis no exterior. Temos diversas parcerias com organizações em toda a África, então passo bastante tempo lá, trocando informações sobre a melhor maneira de proteger os animais. Da forma como divido meu tempo, sou capaz de oferecer tanto a perspectiva de campo quanto o conhecimento adquirido por observá-los de perto aqui no zoológico. – Katie indicou a porta. – Gostaria de fazer um tour?

– Claro.

Durante os 30 minutos que se seguiram, Katie me conduziu por cada uma das áreas de observação e exibição. Era fenomenal. Não dava para acreditar em tamanha organização. Era tudo informativo, educativo, interessante, divertido... E, claramente, era um sucesso junto aos visitantes. Havia dúzias de mães empurrando carrinhos de bebês e centenas de crianças.

– É muito melhor do que os zoológicos que eu visitei na infância – comentei.

– Não é? Progredimos muito desde os tempos de celas de concreto com grades. Ainda bem. – Ela sorriu e mostrou as diferentes áreas dentro do prédio. – Thomas foi muito importante nisso tudo, sabia?

– Não, não sabia.

– Mas foi. A filosofia dele de que uma organização deve se concentrar em seu Propósito De Existir foi um grande impulso para que tudo isso acontecesse. A partir daí, criamos o projeto Cinco Grandes. E sempre nos perguntávamos se as coisas estavam no caminho certo. Por exemplo, dê só uma olhada aqui.

Katie me conduziu até uma gigantesca área envidraçada. Lá dentro, quatro gorilas de diversas idades e tamanhos brincavam sobre galhos.

– O que você vê?

– Gorilas.

– Olhe bem. Veja como o hábitat foi projetado.

Desviei a atenção dos animais para o espaço em si.

– O que vê agora?

Olhei para Katie.

– Interessante. Os animais podem passar do interior para o exterior pela porta de vidro que fica ali.

Ela concordou com a cabeça.

– Isso, e o que mais?

– Vamos ver. A área externa é feita com elementos naturais, não artificiais. Quando os gorilas estão do lado de fora, ficam em meio a insetos, plantas e árvores reais. E a área interna tem lascas de madeira no chão, o que acredito ser uma representação mais realista do seu ambiente natural.

Mais uma vez, ela assentiu.

– E é. Mais alguma coisa?

Olhei para aquela criançada toda aglomerada diante do vidro, olhando fixamente para os gorilas.

– Vocês fizeram um muro mais baixo. Quando eu ia ao zoológico, meus pais tinham de me levantar para eu poder ver os bichos. Vocês diminuíram o muro para que as crianças possam estar no mesmo nível dos gorilas.

Ela sorriu.

– Exatamente. Até mesmo a menor das crianças pode ver os animais. – Ela tocou o meu braço. – Olhe só isso.

Uma garotinha de uns 2 anos de idade estava diante do vidro com as mãos pousadas sobre ele. Do outro lado do vidro, um jovem gorila fazia o mesmo. Encontravam-se nariz com nariz.

– E tem mais – falou Katie. – O vidro é à prova de som para que os animais não sejam perturbados pelos gritos entusiasmados da turminha aqui. E a área de transição da parte interna para a externa é toda de vidro para que tanto as pessoas quanto os gorilas possam ver plantas e árvores de verdade. Projetamos tudo isso e criamos todas as exibições educativas que temos para cumprir nosso PDE e nossos Cinco Grandes.

12

SONIA OLHOU PARA mim e sorriu.

– Estou começando a achar que você está me enrolando com essa história de Cinco Grandes. Do que se trata?

– Estou justamente chegando nessa parte da história – respondi.

KATIE E EU NOS SENTAMOS num banco de onde podíamos observar os gorilas. Os dois mais novos se entretinham numa espécie de luta livre.

– Katie, o que você quis dizer com Cinco Grandes?

Ela se virou para me encarar, surpresa.

– Ele ainda não explicou isso a você?

– Não.

– Ah, então esse era o objetivo dele hoje. Thomas mencionou que você estava infeliz no emprego, mas presumi que ele já tivesse lhe falado sobre isso. Nós nos conhecemos há 15 anos. Ele e Maggie faziam parte da comissão avaliadora numa feira de ciências da qual participei. Por acaso, Thomas julgou meu projeto, que era "O Futuro das Espécies: Por que seria mais produtivo que seres humanos e animais interagissem em vez de permanecerem em isolamento observacional".

– Que bacana! – comentei.

– Obrigada. Depois que terminei minha apresentação e os jurados fizeram as perguntas sobre o trabalho, todos se afastaram, com exceção de Thomas. Ele disse que a minha apresentação havia sido a melhor que ele vira em três anos como jurado e perguntou o que eu queria fazer da minha vida. Respondi que não tinha certeza. Queria fazer algo relacionado aos animais, mas todo mundo da minha família e da escola vivia me dizendo que não dava para ganhar dinheiro cuidando de animais. Então, ele mudou a minha maneira de ver a vida com uma única frase.

– E qual foi ela?

– Ele me olhou nos olhos e disse: "Pois estão enganados." E falou que havia duas mulheres que eu provavelmente ficaria muito feliz em conhecer. Duas mulheres que mudariam "minha vida para melhor", foi como ele disse.

Não consegui segurar o riso.

– O que foi?

– Foi assim que ele a descreveu quando me perguntou se eu queria conhecer você. Usou exatamente as mesmas palavras.

– É um imenso elogio, considerando as pessoas que ele me apresentou. Bem, Thomas anotou o nome da minha escola, e dois dias depois, na segunda-feira após o evento, um pacote do FedEx chegou para mim. Dentro dele havia dois livros. O primeiro era sobre a vida de Jane Goodall. Sabe quem é?

– Mais ou menos. Tem algo a ver com chimpanzés, não tem?

– Sim, ela foi uma das pioneiras no campo de pesquisas com chimpanzés e é uma das mais importantes especialistas no assunto. Sua história é impressionante. Ela não teve nenhum treinamento formal ou instrução específica, mas em virtude da sua imensa paixão, coragem e espírito de aventura, leva uma vida maravilhosa.

– E o segundo livro?

– O segundo era a história de um jovem que passa dois anos economizando para fazer uma viagem à África. Quando chega lá, conhece uma mulher muito idosa e sábia, chamada Ma Ma Gombe, que se oferece para guiá-lo a pé pelo continente africano. O livro conta a jornada que fazem juntos, os perigos que encontram, os animais que veem, as pessoas que conhecem, as lições que ela lhe ensina.

– Nossa, deve ser um ótimo livro! – exclamei.

– E é mesmo. Imagine colocar esses dois livros, com esses belos exemplos de atuação feminina, nas mãos de uma garota de 15 anos sedenta por um pouco de inspiração. Talvez eu acabasse chegando onde estou hoje se não tivesse conhecido Thomas nem lido aqueles livros, mas provavelmente não. No mínimo, ele ajudou a apressar as coisas.

– E o que isso tem a ver com os Cinco Grandes?

– Ah, sim. No segundo livro, uma das principais lições que Ma Ma Gombe ensina ao rapaz é sobre escolher os seus Cinco Grandes. É o seguinte: quando as pessoas visitam a África e fazem um safári, os guias sempre falam dos Cinco Grandes, os cinco animais que todo mundo deseja ver.

– Quais são?

– O leão, o leopardo, o rinoceronte, o elefante e o búfalo-africano. As pessoas medem o sucesso do safári por quantos desses animais conseguem ver.

– Que interessante! – comentei.

– O que Ma Ma Gombe diz é que, na vida, temos a oportunidade de definir o sucesso escolhendo nossos Cinco Grandes. Trata-se das cinco coisas que queremos fazer, ver ou vivenciar antes de morrer. Elas são tão importantes para nós que, se as realizarmos, nos últimos segundos antes de nossa morte vamos olhar para trás e saber que atingimos nossos maiores objetivos. Assim, saberemos que nossa vida foi um sucesso de acordo com o que *nós* definimos como sucesso.

– Pois teremos realizado nossos Cinco Grandes, certo?

– Exatamente. Thomas difundiu esse conceito dentro de suas empresas das mais diversas formas. Por exemplo, antes de ser contratado, cada candidato tem de descobrir como o seu Propósito De Existir se encaixa na empresa e identificar seus Cinco Grandes. A seguir, a diretoria e o candidato se reúnem para conversar sobre como a pessoa poderá satisfazer seus objetivos no cargo que está querendo ocupar. Se não houver encaixe, não há contratação. Essa é uma das maneiras de Thomas se certificar de que seus colaboradores se sintam motivados. Qual seria o seu grau de motivação se você fosse pago para fazer as cinco coisas que o fariam afirmar que sua vida foi um sucesso?

– Muito grande – respondi.

– Segundo Thomas, funcionários motivados são mais produtivos, o que significa clientes mais felizes e, consequentemente, lucros maiores. Todo mundo sai ganhando.

– É um conceito bem diferente do que a gente encontra por aí.

– Tem razão. Mas para o pessoal de Thomas é difícil imaginar as coisas de outra forma. Sobre a mesa de cada um, há uma placa onde estão descritos seus Cinco Grandes e a forma como estão ligados às suas tarefas diárias. Essa é uma parte importante da cultura das empresas dele. Thomas e os outros líderes têm conversas frequentes com suas equipes para se certificarem de que as pessoas continuam atreladas aos seus objetivos. E, quando não estão mais, procuram juntos novos papéis. Esse tipo de discussão acontece em todos os níveis da empresa.

Olhei para a exposição à minha volta.

– Então vocês adotaram um modelo parecido aqui?

– Na verdade, seria mais correto dizer que *copiamos*. Usamos a mesma técnica para entrevistar candidatos e avaliar o que está funcionando e o que não está. Também usamos essa estratégia para criar nossos projetos.

– Como você aplicou essa ideia aos projetos? Não entendo.

– Primeiro bolamos o PDE desta exposição. Por que ela deveria existir, para início de conversa? Então, pensamos no que significaria sucesso do ponto de vista dos Cinco Grandes. O que almejávamos ao criar esta exposição? Quais eram as cinco coisas que gostaríamos que nossos visitantes fizessem, vissem e vivenciassem durante a visita? Assim, conforme tínhamos ideias e começávamos a tornar nosso projeto real, era fácil testar se estávamos no caminho certo.

– Parece tão simples – comentei.

– É e não é. Na verdade, no início de um projeto é mais fácil sair fazendo um monte de coisas do que sentar para definir o que é sucesso. Mas essa questão volta à tona rapidamente quando começamos a nos envolver de fato com o trabalho, pois acabamos indo todos em direções diferentes porque cada um tem sua própria ideia de sucesso. E normalmente o resultado é desastroso.

Ela se deteve por um momento, e então perguntou:

– Quantas vezes você viu projetos que, depois de concluídos, não estavam de acordo com a proposta original?

– Muitas.

– E pense em todo o tempo e dinheiro gastos com eles. Sem falar que o produto final é inútil. Quando a gente vê as coisas por esse ângulo, fica claro que é muito melhor investir energia no início no projeto para definir seu PDE e seus Cinco Grandes.

Katie parou de falar e me encarou. Olhou tão fundo nos meus olhos que comecei a me sentir desconfortável.

– Não vejo nenhuma alegria dentro de você, Joe – ela disse, por fim. – Não sou do tipo que sai por aí dizendo aos outros como devem viver a própria vida. Mas também não é do meu feitio abrir mão da oportunidade de devolver o favor que Thomas me fez ao me enviar aqueles livros. Acho que você ainda não sabe qual é o seu PDE e os seus Cinco Grandes.

Eu estava sem ar. Mas ela continuou despejando aquelas verdades sobre mim.

– E tenho um palpite: digamos que você descubra qual é a razão da sua existência e os seus cinco maiores desejos. Aposto que se consultar a sua agenda para a próxima semana e circular todos os itens, reuniões e atividades que o ajudarão a satisfazê-los, não haverá muitos círculos. Existe um grande perigo nisso, Joe. É que as semanas se transformam em meses, meses em anos e, antes que você se dê conta, sua vida chegou ao fim. Se não houver muitos círculos para a semana que vem, provavelmente nunca haverá. E isso significa que, quando você morrer, aos seus próprios olhos, sua vida não terá sido um sucesso.

Katie me fitou por alguns segundos e eu desviei o olhar.

– Desculpe – ela disse, por fim. – Eu sei que essa não é uma coisa muito boa de se ouvir. Thomas nos apresentou por algum motivo que não sei exatamente qual é. Talvez por termos mais ou menos a mesma idade, ou por achar que possuímos interesses em comum. Mas acredito que tenha sido porque ele queria que você ouvisse isso de mim.

13

Quando terminei a história, olhei para Sonia. Ela estava em silêncio.

– Sei que você deve estar cansado das minhas exclamações, mas essa história é incrível!

Achei graça daquilo.

– Pois é. Meu encontro com Katie foi mesmo fantástico.

– Ela teve sorte de ter conhecido Thomas. E você teve sorte de ter conhecido os dois.

– Sem dúvida. Aprendi com Thomas que quando a gente tem a chance de conhecer pessoas interessantes e estabelecer amizade com elas, não deve deixar a oportunidade passar. Ele costuma dizer que um dos motivos que o fizeram atingir seu sucesso financeiro e pessoal foi ter se cercado de vencedores. Em parte, foi assim que criou empresas tão bem-sucedidas. Ele inspira suas equipes e, em troca, elas o inspiram.

– Você mantém contato com a Katie?

– Mantenho.

– Ela continua indo e vindo da África?

– Continua, sim. Ela é tão comprometida com seu Propósito De Existir e com seus Cinco Grandes que raramente tem um momento de indecisão. E, por causa disso, tem um nível de estresse menor do que qualquer pessoa que já conheci. Katie não fica se questionando muito sobre as coisas. Se algo está em sintonia com seus objetivos, ela o faz. Se não, deixa de lado.

Sonia abriu um sorriso.

– E você?

– Bem, como pode imaginar, aquele foi um dia muito importante para mim. Acho que se eu tivesse ouvido aquilo tudo de alguém que não vivesse de fato de acordo com essa teoria, ficaria impressionado e intrigado, mas provavelmente deixaria para lá. Mas ver Katie no zoológico e observar o grandioso trabalho dela e de sua equipe tornou as coisas mais reais para mim. Então, quando ela falou aquilo no final da nossa conversa... foi o toque que eu precisava para acordar.

Sorri ao me lembrar das palavras de Katie.

– Então, falei com Thomas e ele teve a gentileza de me ajudar a elaborar meu PDE e meus Cinco Grandes. Hoje, vivo centrado neles. E agora há um montão de círculos na minha agenda – finalizei, satisfeito.

14

– Senhoras e senhores, estamos iniciando o procedimento de pouso. Verifiquem se as suas mesas estão recolhidas e se as poltronas estão em posição ereta.

Pisquei algumas vezes e olhei para o relógio. Eram oito e meia da manhã, horário de Chicago. Virei-me para Sonia, mas ela dormia. Havíamos conversado durante grande parte do voo e depois decidimos tentar descansar um pouco. Estiquei os braços acima da cabeça e fiz pequenos círculos com os ombros para tentar relaxar os músculos.

– Parece que estamos quase chegando. – Era Sonia.

– Acho que sim.

– Obrigada pela excelente conversa, Joe. Espero que seu amigo Thomas se recupere. Ele parece ser um sujeito muito bacana.

– Obrigado, eu também espero.

Peguei minha carteira e tirei um cartão de visita.

– Tome o meu cartão. Vamos manter contato.

Ela pegou o cartão, leu e o virou.

– Ei, estes aqui são os seus Cinco Grandes e seu PDE.

– Sim. Todo mundo que trabalha com Thomas tem seus objetivos impressos no verso do cartão. É um ótimo lembrete de por que fazemos o que fazemos. E também chama atenção quando conhecemos alguém. Sempre nos perguntam o que significa, o que nos dá a oportunidade de ter ótimas discussões.

Sonia leu os itens escritos no cartão:

Joe Pogrete

Meu PDE e meus Cinco Grandes

PDE: Experimentar tudo o que desejo, de modo a viver sem arrependimentos.

CINCO GRANDES:

F – Fazer viagens ao redor do mundo pelo menos seis meses por ano.

E – Escrever uma canção que entre nas paradas de sucesso.

L – Levar inspiração às pessoas por meio de livros e palestras, ser quem eu sou e fazer a diferença.

I – Incrementar minha cultura, aprendendo a falar espanhol fluentemente.

Z – Zelar pela saúde do meu corpo e da minha mente, exercitando-os diariamente para me aprimorar.

Se você ou algum conhecido seu puder me ajudar a realizar tudo isso, favor entrar em contato através do site: www.meuscincograndes.com/pogrete

– Interessante – ela comentou. – Mas por que você escreveu FELIZ à esquerda?

– Foi só um acrônimo que criei para me ajudar a lembrar dos meus objetivos. Foi mais uma das ideias de Thomas. Já vi algumas pessoas inventarem uns bem divertidos.

– Bem, FELIZ certamente o descreve hoje, Joe. Você me inspirou com suas histórias sobre Thomas e Katie. Vou pensar em meus próprios Cinco Grandes e ver quantos círculos haverá na minha agenda para a próxima semana. – Ela me entregou seu cartão. – Não há nada de exótico neste daqui. Embora eu acredite que haverá da próxima vez que o encontrar. Gostei da ideia.

Ela pegou outro de seus cartões e, no verso, escreveu:

Meu PDE e meus Cinco Grandes

PDE:

Cinco Grandes:

1

2

3

4

5

Depois de pegar as malas, deixei o aeroporto e entrei na fila do táxi. *Queria ter voltado por motivos diferentes*, pensei. Foi divertido conversar com Sonia a respeito de Thomas e do que ele me ensinou. Mas não era nada divertido ter de encarar a realidade sobre seu estado de saúde.

Verifiquei minhas mensagens durante o trajeto de táxi até a cidade. Maggie me escrevera na noite anterior, enquanto eu estava no avião. "Joe, Thomas está no hospital novamente. Precisou fazer uns exames e vai ter de passar a noite aqui. Quando você chegar, venha nos encontrar, se puder."

– Mudança de planos – avisei ao motorista –, vamos para o Hospital Northwestern Memorial.

Pensar no hospital e em toda aquela situação me fez lembrar do meu amigo Clark, diretor de uma das empresas de Thomas. Uma das coisas que ele costumava dizer quando percebia estresse ou tensão em sua equipe era: "Ninguém aqui está salvando vidas." Por algum motivo, sentado ali naquele táxi, me ocorreu que Thomas e todas as pessoas que trabalhavam com ele e seguiam sua filosofia estavam, sim, salvando vidas.

Se os líderes não estavam ajudando seus funcionários a satisfazerem seus objetivos, então o que estavam fazendo? Na maioria das vezes, sugando a vida das pessoas em troca de dinheiro. Quantos líderes estavam dispostos a refletir sobre a própria vida e perceber que poderiam ganhar dinheiro ajudando as pessoas em vez de explorando-as? *Talvez seja uma maneira muito radical de ver as coisas*, pensei comigo mesmo. *Mas há muita verdade nisso.*

15

– TEM GENTE QUE FAZ qualquer coisa por um pouquinho de atenção – comentei ao entrar no quarto de Thomas no hospital. Meus olhos haviam cruzado com os de Maggie através da janela quando eu estava de pé do lado de fora do quarto, e ela fizera sinal para que eu entrasse. Thomas estava deitado numa cama que ficava virada para a parede. Sua cabeça e suas costas encontravam-se levemente inclinadas.

– E tem gente que faz qualquer coisa para arranjar uma namorada, como, por exemplo, sair do país e ir para a Espanha – devolveu uma voz. Era Thomas.

– Lá ninguém sabe que eu trabalho com Thomas Derale – repliquei. – Isso aumenta as minhas chances.

Thomas riu e estendeu a mão em minha direção.

– Como está, Joe? Como foi a viagem?

Segurei seu braço e agarrei seu ombro com a outra mão.

– Bem. E vê se para de tentar despertar minha compaixão. Nós três vamos pegar o próximo voo para Barcelona e descer o litoral de mochila. Aí, vocês podem me ajudar a arrumar uma namorada.

– Impossível – retorquiu ele.

Dessa vez fui eu que ri. Thomas pegou um copo d'água de cima da mesa de cabeceira e eu aproveitei para dar uma boa olhada nele. Havia envelhecido um bocado desde a última vez que eu o vira, quatro meses antes. Maggie se levantou e me deu um abraço caloroso.

– Obrigada por ter voltado, Joe.

Eu a envolvi nos braços e a apertei com força.

– Quer que eu o arranque daqui ou prefere deixá-lo fingir mais um pouquinho? – perguntei alto o bastante para Thomas ouvir.

Na realidade, quem estava fingindo era eu. Quando liguei da Espanha pela primeira vez, Maggie me falou da gravidade do estado de Thomas. Alguns meses atrás, ele havia começado a sentir dores de cabeça fortíssimas, e certa vez sua visão ficara prejudicada por quase um dia inteiro. Depois de uma semana tomando analgésicos sem que a dor melhorasse, ele resolveu procurar o médico.

Ao notar que os reflexos de Thomas estavam muito lentos, o médico resolveu encaminhá-lo a um especialista. De início, não encontraram nada errado. O resultado da ressonância magnética parecia normal e a dor de cabeça cedeu com os remédios mais fortes. Os médicos recomendaram que ele diminuísse o ritmo por alguns dias e depois retornasse para mais alguns exames.

Assim que parou de tomar os remédios, a dor de cabeça recomeçou, então ele voltou ao hospital. Fizeram uma tomografia e o exame revelou que se tratava de um tumor bem grande.

Na semana seguinte, Thomas foi submetido a mais exames. Testaram os reflexos, a memória e a coordenação motora. Então, numa manhã de terça-feira, Thomas e Maggie receberam uma ligação pedindo-lhes que fossem até o hospital. O seu médico particular estava lá, assim como o especialista. Os dois explicaram que o tumor era inoperável. Devido ao tamanho e à localização, radiação e quimioterapia tampouco eram opções viáveis. Na verdade, não havia opções. Thomas estava morrendo.

Quando ele indagou quanto tempo teria até que a doença o deixasse completamente incapacitado, os médicos afirmaram que não sabiam ao certo. Uns dois meses. Talvez um pouco mais. Talvez menos. Ninguém poderia dizer.

Foi então que Maggie me ligou. E agora estávamos aqui.

Não haveria essa história de arrancar Thomas do hospital. Não haveria viagem pelo litoral espanhol. Eu sabia disso... todos sabíamos. Mas eu não tinha mais nada para dizer.

Soltei Maggie do abraço e ela estendeu a mão para segurar a de Thomas.

– Vou ver se vão lhe dar alta agora, já que Joe está aqui para dar uma mãozinha lá em casa.

Quando a porta se fechou atrás dela, me virei para Thomas e coloquei a mão sobre seu ombro outra vez.

– Meu amigo, quando parti para essa viagem, não esperava que teríamos nossa próxima conversa num local como este. – Com a cabeça, fiz um sinal em direção à porta. – Como a Maggie está? E você?

– Ela está aguentando bem. Nós dois estamos. – Ele fez uma pausa e seu olhar se perdeu por um momento. – Esgotamos todas as possibilidades, então as coisas são como são. Estou morrendo, Joe. Eu nem queria voltar ao hospital, mas um dos medicamentos não estava fazendo efeito e tiveram de fazer exames ontem à noite para descobrir por quê.

– O que eu posso fazer, Thomas? Como posso ajudar?

Ele sorriu.

– Bem, para início de conversa, obrigado por ter voltado. Por que não passa um tempo lá em casa conosco? A gente poderia bater papo, colocar os assuntos em dia...

E dizer adeus, pensei comigo mesmo.

– Talvez precise de ajuda com algumas coisas. Tem uns assuntos que vou querer resolver antes de tudo isso terminar. Eu sei que pode parecer bobagem, mas significaria muito para mim.

Eu assenti.

– É claro, Thomas – respondi, baixinho.

– E mais uma coisa – ele sorriu. – A forma que você entrou aqui hoje é como eu quero que seja até o fim. Nós demos muitas risadas juntos nesses anos todos, Joe. Não quero piedade agora. Maggie e eu já fizemos este acordo. Quero fazê-lo com você também.

Assenti outra vez.

– Estamos combinados. – Forcei um sorriso e disse com o máximo de entusiasmo possível: – Neste caso, vamos parar de frescura. Já é quase meio-dia e você continua nessa cama.

16

ENQUANTO ESPERÁVAMOS MAGGIE agilizar a liberação, eu contava a Thomas sobre a viagem pela Espanha, incluindo o voo de volta e minhas conversas com Sonia. A verdadeira amizade sempre me fascinou. Podemos ficar longe dos bons amigos por meses, até mesmo anos, e quando nos encontramos tudo flui como se tivéssemos nos visto no dia anterior. Era assim com Thomas.

– Você contou a ela como se zangou comigo quando lhe mandei dizer ao seu chefe que ele era um idiota? – ele me perguntou.

Eu caí na gargalhada.

– Não, eu tinha até me esquecido disso. – Thomas havia me dado esse conselho certa manhã depois de me encontrar de pé na plataforma, berrando ao celular. Quando embarquei no trem, contei a ele que meu chefe era um idiota e que vivia controlando os meus passos.

– Isso acontece porque ele escolheu ser um idiota ou porque não conhece outra forma de liderar? – Thomas me perguntou. – Você já lhe disse que ele é um idiota? Se não, talvez devesse.

– Como é que é?

– Embora *idiota* não seja o termo que você deva usar, a verdade é que se você nunca disser isso a ele, ele nunca vai mudar. Então ou você se demite ou para de reclamar.

Fiquei em silêncio, esperando Thomas concluir aquele pensamento.

– Eu sempre peço ao meu pessoal que me torne melhor. Se lerem alguma coisa interessante, peço que me contem. Se quiserem um feedback diferente, peço que me avisem. Quando a equipe está bem, eu saio ganhando, pura e simplesmente. Se discordo da forma como estão fazendo alguma coisa, porque vai de encontro à minha ética ou por qualquer outro motivo, eu lhes digo. Caso contrário, deixo-os jogar da melhor maneira que souberem.

– O que está sugerindo que eu faça?

– Você costuma acompanhar futebol, Joe? Imagine que um treinador escale um atacante fenomenal e o faça chutar a bola sempre com a perna esquerda só porque ele quer assim. Descubra se seu chefe entende alguma coisa de futebol. Se entender, explique que ele está fazendo você chutar com a perna esquerda, mas que você é muito melhor quando usa a direita. Peça que ele o deixe chutar com a perna direita durante um mês e diga que, se o resultado não for positivo, você volta a fazer as coisas do jeito dele. Caso ele não concorde nem lhe diga por quê, ou se for tudo uma simples questão de ego, peça demissão. Como alguém vai progredir tendo uma pessoa dessas como chefe?

– E se ele não entender nada de futebol?

– Descubra do que ele entende e use isso como exemplo.

Pisquei algumas vezes e acordei do devaneio.

– Eu me pergunto o que terá acontecido com aquele sujeito – comentei com Thomas.

– Que sujeito?

– O tal que você queria que eu chamasse de idiota. Ele realmente era um péssimo líder. Ótimo em vendas, mas péssimo líder. Deveriam tê-lo deixado fazer o que sabia como vendedor.

– Ou lhe ensinado alguma coisa sobre liderança antes de torná-lo líder – Thomas emendou. – A promoção dele foi a clássica promoção por tempo de serviço, não foi? Quantas vezes você viu isso na sua carreira?

– Já vi isso acontecer inúmeras vezes. Ele não recebeu treinamento algum para ser líder. Um dia era um vendedor que cobria uma imensa região e, no seguinte, era um diretor à frente de 60 pessoas que tinham sido suas colegas. Eu tenho de admitir, você fez um ótimo negócio em não criar esse tipo de problema em suas empresas, Thomas.

– Que bom que você pensa assim. Eu também vi muito isso, então fiz um grande esforço para deixar as pessoas chutarem com a perna direita quando forem destras. Certifiquei-me de que isso fizesse parte da nossa cultura. Algumas pessoas não desejam ser líderes. Por que promovê-las a uma posição e a um estilo de vida que não querem ter? Isso só gera gente infeliz trabalhando para líderes infelizes. Além de baixa produtividade.

– Você tem toda razão – concordei.

– Pois é. E, por outro lado, eu sempre prestava atenção se uma pessoa tinha interesse ou potencial para liderar. Nesse caso, eu me certificava de que fosse treinada para esse papel muito antes do dia de sua promoção.

Olhei pela janela do quarto de hospital. De repente, me ouvi perguntando:

– Thomas, como você aprendeu a ser um líder tão bom?

Thomas deu um sorriso sem graça.

– Isso é muito lisonjeiro. Tive alguns momentos de definição no início da minha carreira que me moldaram. Conheci algumas pessoas que me influenciaram muito também. Mas essa é uma longa história, então vamos guardá-la para outro dia.

Eu queria dizer que nossos dias estavam chegando ao fim. Que eu gostaria de ouvir todas as suas histórias antes que o nosso tempo acabasse.

Mas era o tempo *dele* que estava acabando. Deixei passar.

– Já ia me esquecendo de comentar. Usei uma de suas histórias no seminário que dei lá na Espanha.

– Qual?

– Aquela sobre o vice-presidente que estimulava a competição entre seus subordinados.

Thomas assentiu.

– Ah, sei. E agora tenho um detalhe a mais para acrescentar nesta história. Bolei há alguns meses. Quer que eu conte?

– Claro. – Eu me recostei na cadeira e fiquei observando Thomas levantar o corpo para se acomodar melhor. *Ele deveria estar num palco, na frente de milhares de pessoas, como já o vi tantas vezes*, pensei comigo mesmo. *Não deitado numa cama de hospital. Isso não está certo. Não é justo.*

Thomas olhou para mim.

– Ainda está me ouvindo?

– Estou, desculpe, vá em frente.

Ele balançou a cabeça, fingindo-se desapontado.

– Quem é o doente aqui, hein? Muito bem, imagine-se num grande palco, diante de uma imensa plateia. O tema de apresentação é: "Liderar corretamente é como cultivar um fértil pomar de mamoeiros frutíferos."

– Mamoeiros?

– Sim, mamoeiros. A grande liderança é um fértil pomar de mamoeiros frutíferos.

Thomas começou a contar a história como se de fato *estivesse* num palco e *houvesse* milhares de pessoas na plateia.

– Quando você inicia o cultivo de mamoeiros, planta as sementes de mamão em um vaso cheio de terra fértil. Em algumas semanas, os primeiros brotos surgem. Aos poucos, você começa a notar que algumas plantinhas estão crescendo mais do que outras. Na verdade, estão competindo por luz e água. As que possuem folhas maiores estão recebendo mais sol e nutrientes, mas também estão privando as mais próximas desses elementos essenciais. Ao fazerem isso, crescem mais rápido. Se nada for feito, as que não tinham tanto acesso ao sol nem raízes tão grandes morrerão. Logo as mudas que sobraram vão parar de crescer. É que dentro do vaso há espaço limitado para a expansão, e as plantas parecem saber disso. Com o tempo, algumas desenvolverão folhas ainda maiores e, com isso, a maioria das outras sucumbirá lentamente. Assim, apesar de todo o seu empenho, você terá um pequeno grupo de mamoeiros mirrados e nenhuma fruta como recompensa.

– Então o que podemos fazer para evitar isso? – perguntei.

– Com um pouquinho mais de esforço e algumas iniciativas diferentes, o resultado pode ser o oposto disso. Você pode separá-las em pequenos grupos e depois plantá-las diretamente no solo. Se plantá-las isoladamente, todas irão crescer, mas nenhuma dará frutos. Mas se colocá-las no solo a uma distância razoável, poderão polinizar e oferecer um pouco de sombra umas às outras. Assim, deixam de competir e passam a existir num estado de sinergia. A presença de um é uma vantagem para o sucesso do outro. E o resultado de todo esse empenho é um extraordinário pomar de mamoeiros que produzirão frutos que gerarão sementes que se transformarão em um número ainda maior de mamoeiros.

Nesse momento, Thomas voltou à história da conferência que eu havia mencionado.

– Há alguns anos, pediram que eu organizasse uma conferência sobre liderança. Executivos de empresas de todo o mundo se reuniram para compartilhar ideias, aprender uns com os outros. E eu me lembro de uma reunião em que o vice-presidente de uma empresa de entretenimento afirmou que conseguia bons resultados encorajando a competição entre o seu pessoal. Ele achava que essa disputa os fazia crescer e se empenhar mais. Durante o intervalo, me apresentei a um de seus subordinados, um diretor que passara a manhã toda calado. Perguntei-lhe o que estava achando da conferência e o que tinha achado dos comentários do seu líder. Ele disse que, na realidade, o ambiente de competição criado pelo vice-presidente era terrível.

– Posso imaginar – falei.

– O diretor me contou que os executivos escondiam informações fundamentais uns dos outros para melhorar seus resultados individuais. Bons funcionários não eram promovidos porque seriam transferidos para outro departamento, e os executivos viam isso como uma desvantagem competitiva. Não só perderiam um bom colaborador como o entregariam de bandeja para seus "concorrentes". Como a empresa dominava seu seguimento e não tinha com quem competir, as pessoas competiam entre si.

– O vice-presidente estava deixando todos os mamoeiros em um único vaso. Estava criando disputa, não cultivando um pomar de árvores frutíferas – concluí.

– Exatamente, Joe! Passei a observar o que acontecia com a empresa e permaneci em contato com aquele diretor. Em dois anos, alguns dos melhores profissionais haviam pedido demissão e ido trabalhar numa empresa concorrente em ascensão. Dois anos depois disso, seu domínio de mercado estava tão desgastado que o próprio diretor foi embora. Quando conversei com ele e perguntei por que havia decidido sair, ele me contou que a cultura não havia mudado. As pessoas continuavam a competir umas com as outras, mas tentavam então descobrir como culpar o outro pelo crescimento da concorrência.

Thomas fez uma pausa para enfatizar suas próximas palavras.

– O nosso pessoal é como as sementes de mamão. Como líderes, a pergunta que precisamos nos fazer é: o que estamos tentando criar? Se queremos criar líderes fortes e produtivos que não apenas deem frutos mas que, ao fazê-lo, criem novos líderes, temos de cuidar deles. Precisamos lhes dar oportunidades ricas de potencial, precisamos ter certeza de que estamos criando um ambiente onde possam crescer livres de competição. Devemos lhes dar espaço para se expandir e não restringi-los de maneira que seu entusiasmo murche e se apague. E, quando for a hora certa, precisamos tirá-los do vaso no qual cresceram e lhes dar a chance de prosperar por conta própria.

Eu não cansava de me admirar com a sabedoria de Thomas.

– No entanto – dizia ele –, quando esse momento chegar, não podemos colocá-los num local isolado. Devemos utilizar a estratégia que gerará mais frutos: proporcionar um ambiente onde eles e outros líderes possam se polinizar e se proteger, de forma que trabalhem juntos para satisfazer seu potencial.

Ele se endireitou na cama, impostou a voz e terminou seu discurso em tom solene.

– Senhoras e senhores, como líderes, é isso que precisamos fazer pelo nosso pessoal. Porque essas são as coisas que tornam os grandes líderes realmente grandes.

Eu me sentei e olhei para ele. Senti vontade de aplaudir. Não resisti e acabei aplaudindo mesmo.

– Foi perfeito, Thomas. Realmente perfeito. De onde você tirou isso?

Ele sorriu.

– Bem, a primeira parte você já tinha ouvido. O resto me ocorreu há alguns meses, quando eu tentava plantar um mamoeiro. Simplesmente observei o que acontecia a cada passo e fiquei impressionado com quantas lições eu poderia aprender com aquilo. Então escrevi um texto sobre o processo e percebi que daria para usar essa analogia numa palestra. Mas estava esperando uma plateia um pouquinho maior... – Ele riu.

Assenti enfaticamente com a cabeça.

– Ah, você deveria mesmo fazer este discurso para uma plateia maior! Que tal no próximo retiro para executivos em... – Minhas palavras ficaram suspensas no ar. O próximo retiro seria dali a quatro meses. Nós dois sabíamos que ele não estaria mais vivo. Durante alguns minutos, enquanto escutava meu amigo falar, eu havia me esquecido de onde estava e por que estava aqui.

– Desculpe, Thomas... – comecei, sério.

Ele sorriu.

– Pare com isso, Joe. Fizemos um acordo, lembra? Você vai dar essa palestra no retiro. Tenho certeza de que irá fazê-lo muito bem.

17

LEVANTEI DA CAMA BEM CEDO, um pouco antes das sete. Não dormi quase nada. Eu já havia me hospedado na casa de Thomas muitas vezes e sempre fora muito divertido. Mas o real motivo que me trouxe aqui desta vez pesava sobre mim. Esta não era uma visita social nem o prelúdio de uma nova aventura pelo mundo.

Quando passei pela cozinha, fiquei surpreso ao ver Thomas e Maggie sentados na varanda. Estavam de mãos dadas e riam. Eu me virei para subir outra vez e lhes dar um pouco de privacidade, mas, ao pisar no primeiro degrau, ouvi Maggie chamar:

– Está tudo bem, Joe. Venha aqui e junte-se a nós.

Fui até a varanda e admirei a vista. No jardim havia flores coloridas e gigantescos carvalhos. Onde o terreno terminava, começava uma floresta.

– Eu adoro este lugar – comentei. – É tão tranquilo.

Dei um tapinha no ombro de Thomas.

– Levantou cedo, hein? – falei.

– Eu sei. Atualmente eu cochilo praticamente o dia inteiro. Você perdeu a chance de encontrar Josephine esta manhã, Joe.

– Josephine? Sua Diretora de Primeiras Impressões?

– Sim. Ela passou para deixar isto aqui. – E me entregou uma cestinha cheia de *muffins*.

– Humm, devem estar uma delícia.

– Só comi três até agora, então ainda não deu para saber – respondeu Thomas, de bom humor.

Maggie pegou um dos bolinhos da cesta.

– Desde que Thomas contou a Josephine sobre a doença, ela vem aqui pela manhã, três vezes por semana, trazendo guloseimas.

Thomas baixou o guardanapo e estendeu a mão para pegar outro *muffin*.

– Josephine mandou um abraço para você. Não me esqueço de como foi engraçado o dia em que vocês se conheceram.

– Eu nunca vou me livrar dessa história, vou?

– Nunca vai se livrar de quê? Que história é essa? – perguntou Maggie.

Thomas olhou para mim.

– Por que não conta sua versão?

Eu me recostei na cadeira e olhei para Maggie.

– Thomas e eu vínhamos nos encontrando no trem havia algumas semanas e estávamos nos tornando amigos. Certa manhã, depois de eu me queixar pela enésima vez do meu emprego e do meu chefe, Thomas sugeriu que nos encontrássemos no escritório dele para almoçarmos.

Eu olhei para ele.

– Acho que você falou que queria que eu visse o outro lado da coisa, não foi isso?

– Que bom saber que minhas palavras tiveram tão pouco significado para você, Joe – caçoou Thomas. – Na verdade, eu disse que achava que a sua visão sobre o trabalho estava ficando contaminada e que você precisava de algo que lhe desse uma perspectiva diferente.

– Está bem, eu precisava mesmo de uma perspectiva diferente. Então ele me disse: "Por que não vai almoçar comigo na sexta-feira? Me encontre lá no meu trabalho." Bem, na sexta-feira fui até o endereço que ele me deu e quando entrei no hall dei de cara com Josephine. Sobre a mesa dela havia uma placa que dizia "Diretora de Primeiras Impressões". Achei aquilo o máximo. Então eu me aproximei e expliquei que estava ali para ver Thomas Derale, mas não sabia em que departamento ele trabalhava. Ela me olhou de maneira estranha e perguntou: "O quê, senhor?"

Thomas estava segurando o riso. Continuei contando a história para Maggie.

– Então expliquei outra vez que estava ali para encontrar Thomas Derale, mas não sabia exatamente onde ele trabalhava. E ela repetiu: "Thomas Derale"? Nesse ponto a conversa começou a ficar bastante esquisita e eu comecei a achar que estava no lugar errado. Então afirmei: "Isso, Thomas Derale. Ele trabalha aqui?" Então Josephine me olhou e disse: "Mais ou menos. Ele é o dono do prédio. É fundador e presidente desta empresa. Tem certeza de que está aqui para vê-lo?"

Eu me virei para Maggie.

– Naquele momento eu já não tinha tanta certeza.

Maggie riu.

– Você fez isso com ele? – perguntou, cutucando Thomas.

– Ah, Maggie – suspirei –, fico muito feliz por não ter sido filmado naquele momento. A expressão do meu rosto devia estar impagável. E a conversa não parou por aí. Lembre-se de que eu ainda não o conhecia bem e não sabia nada sobre a empresa. Então, perguntei a Josephine: "Quantas pessoas trabalham aqui?" Bem, àquela altura ela devia estar pensando que eu era louco. Ela me olhou e perguntou se eu estava me referindo ao prédio ou a todas as empresas de Thomas. Levei um susto. Então ela falou, vendo minha cara de espanto: "Thomas é dono de 14 empresas, em que trabalham mais de 12 mil pessoas. A maioria trabalha aqui em Chicago, mas temos empresas sediadas em vários países."

– E o que aconteceu então? – Maggie quis saber.

– Bem, justiça seja feita, Josephine não me expulsou dali como se eu fosse maluco. Telefonou para o escritório de Thomas e avisou que eu havia chegado.

Ele se virou para mim.

– É por isso que ela é uma excelente Diretora de Primeiras Impressões.

– Foi você que lhe deu esse título ou foi ela quem escolheu? – perguntou Maggie.

– Fui eu. Eu a deixei à vontade para escolher o título que quisesse, mas expliquei que, no meu modo de ver as coisas, ela era a primeira impressão que muita gente teria da empresa. Contei que já tinha visto negócios serem perdidos porque as pessoas ligavam para uma empresa e não conseguiam falar com a pessoa certa ou não eram bem tratadas. E eu não queria que isso acontecesse na minha companhia.

– Isso é verdade? – indaguei.

– É. No início da minha carreira, tentávamos fazer uma joint venture com fornecedores de uma nova tecnologia para scans e eu estava envolvido diretamente com o projeto. Das oito empresas para as quais liguei, três nunca deram retorno. Em outras quatro, as recepcionistas me passaram para a pessoa errada inúmeras vezes ou disseram que não sabiam para quem encaminhar a ligação. Fechamos com a oitava empresa. Era um negócio de 16 milhões de dólares por ano e que hoje vale 40 milhões. Eu nunca me esqueci disso. Imagine só quanto dinheiro essas empresas perdiam todos os dias por não compreender a importância de uma Diretora de Primeiras Impressões.

Maggie virou-se para Thomas.

– Não foi Josephine quem bolou a frase "Demonstre interesse pelas pessoas"?

Thomas pousou o copo de suco que estava segurando.

– Sim, essa ideia foi dela. Certo dia, Josephine me contou que um de nossos maiores clientes disse que toda vez que ligava para a empresa tinha a sensação de estar falando com uma amiga. Eu vinha tentando criar uma maneira de ilustrar o relacionamento que queria que tivéssemos com todos aqueles que interagimos, então ela sugeriu que fizéssemos placas com a inscrição: "Demonstre interesse pelas pessoas." Assim, quando estivéssemos ao telefone, seria um ótimo lembrete para nos empenharmos mais em conhecer quem estava do outro lado da linha.

– Mas como isso funciona na prática? Acho que nunca pensei sobre isso – disse Maggie.

– Todo mundo prefere fazer negócio com pessoas de quem gosta. Se fôssemos apenas mais uma empresa como outra qualquer, não nos destacaríamos. E se não nos destacássemos, seríamos facilmente substituídos. Eu queria que nossos clientes, fornecedores e distribuidores nos vissem como amigos. As placas funcionaram maravilhosamente bem. Nós as usamos até hoje. E implementamos outra ideia: damos uma ajuda de custo para que as pessoas possam convidar seus fornecedores ou colaboradores para comer no restaurante da empresa e, assim, desenvolver melhor seu relacionamento.

– De onde veio a ideia de criar os restaurantes? – perguntei.

– Pedi ao meu pessoal que pensasse em formas de melhorar nosso ambiente de trabalho, e a criação dos restaurantes foi uma das sugestões. Fui totalmente a favor. Os funcionários podem saborear uma ótima comida e pagam menos do que se comessem na rua, então a tendência é que permaneçam no prédio, o que significa mais produtividade.

– Genial! – exclamei.

– E a comida é sempre saudável. Nunca mandei fazer nenhum estudo oficial, mas acredito que isso tenha mantido nossos custos com assistência médica bem baixos. Além de ter nos proporcionado um lugar sofisticado onde receber nossos colaboradores. Aliás, quem projetou o restaurante foi a Maggie, sabia?

– Não sabia. Thomas foi cliente de sua firma, Maggie?

– Foi. Quando peguei o projeto, ele me entregou uma lista de requisitos feita pelos seus funcionários. Eu sabia que se fizéssemos o que o pessoal queria seria um sucesso.

– E quais eram os requisitos?

Ela pensou um instante.

– Não me lembro de todos, mas era o esperado. Deveria ser mais barato que os restaurantes próximos, oferecer pratos variados, ter um ambiente sofisticado e ser rápido.

– Bem, você definitivamente cumpriu seu objetivo – comentei. – Eu me lembro de quando encontrei o Thomas lá para almoçar. Fiquei impressionado ao saber que o restaurante era administrado pela empresa. Você não se preocupou com os custos?

– Não. Tínhamos algumas pessoas na equipe com crises de esquerdite aguda, mas isso passava rapidamente quando repassávamos os números.

Eu sorri.

– Ah, sim, esquerdite aguda. Aquele dia também foi a primeira vez que ouvi esse termo. Naquele dia, vivenciei várias "primeiras vezes".

– É verdade – recordou Thomas. – Naquele dia você conheceu Tim Bankins e não conseguiu acreditar que eu tivesse comprado aquele monte de livros para ele, lembra?

– É claro que me lembro – falei.

Maggie se virou para mim.

– Acho que não conheço essa história também. Quem é Tim Bankins?

– Hoje em dia ele é presidente da PressCo, a editora de Thomas – respondi. – Naquela época, era só um cara com uma muralha de livros à sua frente. Assim que terminei minha saga com Josephine, ela me deu um crachá de visitante. Depois, seguindo instruções de Thomas, ela me mandou vagar pelos corredores e conhecer o máximo de pessoas que pudesse. Nunca imaginei que um crachá de visitante concedia a alguém atenção instantânea. Cada vez que alguém me via, se apresentava e me perguntava se eu estava precisando de alguma coisa.

– Tim foi uma das pessoas que você conheceu – deduziu Maggie.

– Sim. Quando eu estava passando pela sala dele, Tim se apresentou e eu perguntei por que havia tantos livros em seu escritório. Devia ter cerca de 100. Ele me explicou que uns 15 tinham a ver com uma ideia na qual estava trabalhando e que acabou se tornando a PressCo. Os outros eram presentes de Thomas. Eu não pude acreditar. Fiquei ainda mais perplexo quando soube que Thomas comprava para cada funcionário pelo menos um livro por trimestre e, de vez em quando, mais alguns extras se descobrisse algo interessante. Quando finalmente o encontrei para o almoço, perguntei-lhe a respeito, e foi aí que ele falou em esquerdite aguda.

Thomas sorriu.

– E você se lembra do que eu disse?

– Thomas, eu me lembro de todas as nossas conversas. Você explicou que todas as decisões da vida são fruto da matemática: C+E<O. Maggie, C quer dizer custo; E, esforço; e O, output, ou seja, resultado. A maioria das pessoas fica tão preocupada com C e E que nunca olha para O. Essas pessoas sofrem de esquerdite aguda, pois só se concentram no lado esquerdo da equação.

– Estou impressionado, Joe. Parece que *essas* palavras foram importantes para você.

– E foram, mesmo. Eu já ensinei isso em dezenas de palestras.

Maggie olhou para Thomas.

– E o que isso tem a ver com os livros?

– Joe não conseguia compreender como eu tinha condições de comprar quase 50 mil livros por ano. Então tive de mostrar a ele que, se você quer ser um CEO, tem de ser capaz de compreender que C+E<O. A maioria das pessoas toma decisões com base em quanto as coisas custam (C), ou então no esforço necessário para se realizar algo (E). Eu não me importo com quanto uma coisa custa nem com o esforço necessário para fazê-la, contanto que o output (O) seja maior do que a soma dos dois.

– E os livros...? – Maggie insistiu, brincando.

– Como compramos os livros por atacado, conseguimos descontos excelentes nas editoras. Ao preço de 10 dólares por livro, a despesa total por ano é de quase meio milhão de dólares. À primeira vista pode parecer muito. Mas quando você olha os resultados, vê que o investimento vale a pena. Eu escolho livros que oferecem benefício imediato e prático para as pessoas que trabalham comigo. Então, a grande pergunta é... Depois de ler os quatro livros que compro para cada um anualmente, será que meu pessoal vai tomar mais decisões acertadas, ser mais produtivo, ter melhores ideias ou solucionar problemas mais rapidamente porque possuem um referencial e métodos com os quais trabalhar?

– Acredito que sim – respondi.

– E a resposta é, logicamente, sim. Eu não compraria os livros se não gerassem pelo menos 200 dólares de valor imediato. Assim, O excede C + E, portanto, é um bom investimento. Além disso, as pessoas não usam o conhecimento que adquiriram apenas por um ano. Eu faço o investimento uma vez, mas me beneficio das melhorias durante todo o tempo que trabalharem para mim.

– Aquela foi a grande revelação do dia – comentei. – Você esclareceu a questão dos livros, mas foram as implicações da equação que realmente me impressionaram. Às vezes eu ainda me pego dando importância excessiva para o custo e o esforço, sem olhar para os resultados. Aí eu ouço a voz de Thomas dentro da minha cabeça: "Se você quer ser um CEO, tem de ser capaz de compreender que C+E<O."

– Ela soa como a minha própria voz ou é mais suave, como a de um anjo? – ele perguntou, rindo.

– Na verdade, parece um mosquito. Zumbindo bem naquele cantinho que você não consegue alcançar para livrar-se dele.

Maggie caiu na gargalhada e revirou os olhos, balançando a cabeça fingindo desapontamento.

– Vocês dois... Um pior que o outro.

E por alguns minutos, nos esquecemos do motivo pelo qual estávamos juntos desta vez.

18

UM POUCO MAIS TARDE, naquele mesmo dia, eu estava sentado na varanda lendo. Thomas tentava dormir um pouco.

– Obrigada por estar aqui, Joe – disse Maggie, puxando uma cadeira para se juntar a mim à pequena mesa.

– Imagina, Maggie. Eu gostaria de poder fazer alguma coisa. Estou me sentindo um pouco inútil.

– O simples fato de você estar aqui significa muito para a gente. É um momento muito delicado.

Permanecemos sentados em silêncio por um instante, observando os pássaros saltarem de galho em galho no imenso carvalho que ficava mais próximo da casa.

Ela se virou para me olhar.

– Você provavelmente não consegue notar, mas a energia de Thomas está se esvaindo rapidamente. Ele tenta esconder, até mesmo de mim, mas eu percebo que ele está sentindo muita dor e que está lutando para não se deixar abater. Quando você foi visitá-lo no hospital aquele dia, a energia dele aumentou. A forma de vocês dois brincarem, implicarem um com o outro... – ela sorriu. – Quando ele ouviu a sua voz aquele dia, o rosto dele se iluminou mais do que em todo o último mês, Joe. Você não precisa fazer mais nada. Só de estar por perto, já dá força para ele. Você o ajuda a ser ele mesmo.

Eu olhei para ela. Dava para perceber que Maggie estava cansada. Não era apenas Thomas que lutava para manter o ânimo.

Observamos os pássaros um pouco mais.

– Sabe, Joe, por algum motivo que talvez nem você e nem Thomas compreendam, existe uma ligação entre vocês dois. Acho que de alguma forma ele o vê como o filho que desejava ter tido. Às vezes, ele o vê como o seu melhor amigo; em outros momentos, o vê como uma versão mais jovem de si mesmo.

Assenti e sorri.

– Eu me lembro de quando contei a ele que havia decidido tirar umas longas férias e passar alguns meses fazendo a minha primeira viagem internacional como mochileiro. Nunca imaginei que alguém ficaria tão entusiasmado com a minha partida.

Maggie riu.

– Eu me lembro disso também – ela falou. – Thomas disse que era uma decisão importante e que, se você fosse mesmo, iria começar a sentir o gostinho da vida com a qual vinha sonhando há tanto tempo. Também disse que só podia guiá-lo até determinado ponto na jornada, pois você é quem teria de decidir o que realmente deseja.

Assenti com a cabeça. O silêncio caiu sobre nós novamente.

– Maggie, o que vai acontecer com Thomas?

Ela ficou ali sentada, muda, e, quando a olhei, vi que chorava.

– Sinto muito, Maggie. Não precisamos falar sobre isso.

– Não, Joe. Fingir que isso não está acontecendo não vai ajudar em nada. – Ela secou as lágrimas. – Os médicos disseram que o estado dele vai piorar pouco a pouco. Ele vai começar a ter dificuldades para manter o equilíbrio; a vista pode ser afetada à medida que o tumor for pressionando o cérebro. E é provável que ele comece a ter convulsões. Disseram para esperar que o corpo dele simplesmente "desligue" de vez em quando.

Maggie fez uma pausa para respirar fundo. As lágrimas voltaram a rolar por sua face.

– Não há como garantir, Joe, mas os médicos acham que ele deve ter umas quatro semanas, no máximo.

19

ENTREI NO ESCRITÓRIO de Thomas e me sentei à sua mesa de trabalho. Já haviam se passado alguns dias desde a minha conversa com Maggie e quase uma semana desde que eu chegara. Thomas me oferecera seu escritório para eu colocar meus assuntos em dia; eu precisava de um lugar para escrever alguns e-mails e dar uns telefonemas.

Recostado na cadeira, olhei a sala à minha volta e meus olhos depararam com uma pilha de blocos Post-it que se encontravam sobre a mesa. Eram grandes, com aproximadamente 20 centímetros de comprimento por 10 de largura.

No topo da primeira folha estava escrito em letras escuras: "Do gabinete de Thomas Derale – Seu companheiro de aventuras nesta incrível jornada." Eu sorri e peguei um bloco. Uma parte importante da filosofia de liderança de Thomas girava em torno daqueles blocos Post-it.

Tudo começara com uma única pessoa e um único Post-it. De início, Thomas havia mandado confeccionar os blocos para seu uso pessoal. Ele gostava de anotar comentários e ideias e colá-los diretamente sobre os documentos que lia. Certo dia, só para fazer uma piada, ele copiou um quadrinho do Dilbert num Post-it e colou-o sobre a tela do computador de alguém da equipe, com o bilhete: "Obrigado por não permitir que cheguemos a este ponto."

A mulher que recebeu o bilhete era uma líder júnior que bolara uma forma original e eficaz de lidar com um problema que vinha preocupando a empresa. Sua resposta foi tão simpática que Thomas passou a deixar bilhetes para outras pessoas. Alguns eram engraçados, outros traziam mensagens de agradecimento. Eram apenas mais uma forma de Thomas criar um elo com o seu pessoal.

Com o tempo, esses bilhetes se tornaram parte da cultura das empresas de Thomas. As pessoas os guardavam ou os exibiam em suas mesas. Sentiam-se premiadas por eles. As mensagens se tornaram uma espécie de piada interna do pessoal da empresa e eram mencionadas com frequência por palestrantes em eventos.

Eu sorri, coloquei o bloco Post-it sobre a mesa e liguei o laptop. Enquanto carregava, examinei as publicações de negócios que estavam sobre a mesa de Thomas. A grande pilha incluía exemplares de *The Wall Street Journal*, *Business Week*, *Forbes*, *Executive Excellence*... Todos tinham Post-it marcando páginas. Imaginei se tratar de artigos interessantes que Thomas havia separado.

Peguei a revista que estava no topo da pilha e abri na página marcada com o Post-it. O artigo era "Como aumentar seus lucros em 4 passos", escrito por Thomas e o editor da revista.

Comecei a ler.

Um dos erros mais comuns que as empresas cometem quando tentam aumentar os lucros é tentar arranjar novos clientes. Este comportamento é um reflexo típico de sua história. No início, provavelmente tinham poucos clientes. Para sobreviver, tiveram de arranjar mais. Nesse caso, conseguir novos clientes fazia sentido.

Para empresas que já saíram do "modo sobrevivência" e estão tentando aumentar a lucratividade, adquirir novos clientes não é a melhor estratégia. Estudos realizados pela Capgemini e Gartner Group demonstraram que, dependendo da indústria, custa de três a sete vezes mais conquistar novos clientes do que fazer com que um já existente faça uma nova compra.

A melhor maneira de aumentar a lucratividade é otimizar o relacionamento que você tem com os clientes que já possui. A seguir, conheça quatro passos simples que ajudarão sua empresa a fazer isso:

Passo 1: Encontre e fortaleça os seus pilares

Você sabe quais são os cinco clientes que mais contribuem para o seu lucro final a cada ano? Sabe o nome deles de cor? Todos os funcionários de sua empresa sabem? Se não, esse é um problema que precisa ser resolvido rapidamente.

Dependendo do tamanho da organização, a perda de qualquer um dos cinco principais clientes pode variar de séria a catastrófica. Esses clientes são os pilares que sustentam a empresa. Pense no seu negócio como uma estrutura que se encontra no meio de águas infestadas por tubarões. Há cinco pilares dispostos em círculo e sua empresa encontra-se equilibrada sobre eles. O que aconteceria se um ou dois desses pilares encolhesse? O que aconteceria se um deles desaparecesse por completo?

Parte do segredo de como aumentar os lucros é proteger seus pilares. Será que os clientes que mais tomam tempo do atendimento são aqueles que mais consomem serviços?

É provável que não. "Clientes-problema" costumam exigir muito trabalho, assim como arranjar novos clientes. Mude isso. Distri-

bua o tempo e a atenção que você gasta com cada cliente com base na importância que ele tem para o seu negócio. Realoque os recursos que estão sendo ıplicados aos clientes-problema e concentre-os nos seus pilares. Exija que seu pessoal torne o relacionamento com seus pilares tão forte que jamais desmorone. Incentive seu pessoal a encontrar formas de tornar esses clientes ainda mais bem-sucedidos. Seja um pilar para os seus pilares.

Passo 2: Faça um inventário de sua produção

Faça um apanhado de todos os produtos e serviços que você oferece atualmente. Classifique-os por ordem de lucratividade. Quando todos os produtos tiverem sido identificados, ordene-os de um a cinco. No número 1 deverão entrar os 20% de produtos e/ou serviços que geram mais lucro. No número 2, os outros 20% mais lucrativos, e assim por diante até chegar a cinco, que serão os 20% de produtos e/ou serviços menos rentáveis.

Depois, crie uma tabela dispondo os clientes na vertical e os produtos e/ou serviços na horizontal, no lado esquerdo. Organize os clientes por ordem de peso sobre seu lucro final. O cliente de maior impacto deverá ser o primeiro e o de menor impacto, o último. Para os itens à esquerda da tabela, posicione-os de acordo com a ordem que você acaba de criar, do mais lucrativo para o menos lucrativo.

Quando tiver terminado de criar a tabela, revise-a e, em cada cliente, marque com um "x" os produtos e/ou serviços que fornece para eles. Esse é o seu mapa de lucratividade.

Organize os clientes por ordem de lucratividade, começando com o mais lucrativo à esquerda.

5 pilares

Organize produtos e/ou serviços por ordem de lucratividade, com os mais lucrativos em cima

	Cliente 1	Cliente 2	Cliente 3	Cliente 4	Cliente 5	Cliente 6	Cliente 7	Cliente N
Produtos/Serviços 1								
Produtos/Serviços 2								
Produtos/Serviços 3								
Produtos/Serviços 4								
Produtos/Serviços 5								
Produtos/Serviços 6								
Produtos/Serviços 7								
Produtos/Serviços N								

Passo 3: Preencha as lacunas

Olhe para seus 5 pilares na tabela. Você tem fornecido a eles todos os produtos e/ou serviços que sua empresa oferece? Qualquer quadradinho sem marcação representa uma oportunidade para consolidar seu relacionamento. Comece com as ofertas classificadas em primeiro lugar e que não estejam sendo consumidas pelos pilares. Concentre-se em preencher essas lacunas.

Agora olhe o restante do seu mapa. Onde estão os "x"? Onde estão as lacunas? Cada espaço em branco representa uma oportunidade de aumentar seus lucros. Concentre-se nos clientes mais lucrativos e ofereça a eles os produtos e/ou serviços que ocupam as primeiras posições da tabela. Mostre a eles que sua empresa possui outras formas de servi-los. Descubra suas necessidades e identifique maneiras de satisfazê-las. Esses esforços servirão não apenas para fortalecer seu relacionamento mas também para torná-los clientes ainda mais rentáveis.

Passo 4: Aprenda com seus admiradores

Quando completar o passo três, dê uma nova olhada na tabela. Identifique os cinco clientes que usam a maior porcentagem dos produtos e/ou serviços que você oferece. Esses são os clientes que realmente gostam do que você faz. Eles representam uma grande oportunidade de aprendizagem.

Existem alguns motivos para esses clientes gostarem tanto de você. Se você descobrir quais são as razões, pode usar esse conhecimento para interagir com os demais clientes da mesma forma. Talvez seja por causa do bom atendimento, da qualidade do serviço ou do preço acessível. Qualquer que seja o motivo, você precisa saber.

Entreviste seus admiradores e aprenda com eles. Se lhe disserem que o que faz a diferença é uma pessoa em particular da empresa, converse com ela e descubra o que ela vem fazendo que funciona tão bem.

Nessas entrevistas você vai encontrar informações preciosas para aumentar seus lucros. Aplique as lições que aprender no relacionamento com os outros clientes. O objetivo é criar mais admiradores, começando pelos pilares e depois seguindo toda a lista de clientes.

A maioria das organizações adquire clientes satisfazendo uma única necessidade. O segredo para aumentar os lucros não é arranjar novos clientes. Identifique e fortaleça seus pilares de forma que a sua organização fique bem sustentada, inventarie sua produção, preencha as lacunas e aprenda com seus admiradores. Essas quatro ações são o caminho para aumentar seus lucros.

20

PEGUEI OUTRA REVISTA. Desta vez o Post-it marcava um artigo de Thomas intitulado “Não recrute as melhores pessoas e clientes. Atraia-os”.

> *Líderes inteligentes não recrutam as melhores pessoas e clientes, eles os atraem. Por quê? Porque isso facilita suas vidas e torna suas empresas mais bem-sucedidas. Como conseguem? Eles têm um Propósito De Existir (PDE) corporativo bem definido, o divulgam, vivem de acordo com ele, e, assim, as melhores pessoas e clientes aparecem. Dessa forma, eles não recrutam: atraem.*
>
> *O sucesso desse método baseia-se em dois princípios. O primeiro é um princípio básico da vida neste planeta: “Semelhante atrai semelhante.” É o motivo pelo qual as zebras correm juntas pelas planícies africanas, peixes de aparência parecida nadam em cardumes e por que, em qualquer aglomeração de seres humanos, cada subgrupo é composto de indivíduos com características similares.*

LI O ARTIGO INTEIRO e ao terminar a última linha, Thomas entrou no escritório.

– Não me bata, juro que não peguei nada – brinquei.

– Está com medo disso aqui? – Ele ergueu a bengala que segurava. – Isto é só para fazer charme para a Maggie.

Thomas havia tomado um tombo feio dois dias antes. O tumor começava a causar súbitas perdas de equilíbrio. Depois do acidente, ele passou a manter a bengala por perto.

Ambos sabíamos disso. Mas nenhum dos dois queria tocar no assunto.

Indiquei com a cabeça as revistas que havia aberto.

– São bons esses artigos, Thomas.

– Obrigado. Eu também gostei do resultado.

– Só fiquei um pouco surpreso por você ter revelado tantos detalhes – comentei.

– Por quê?

– Bem, a forma como você faz as coisas e o que ensina para seus colaboradores são o que torna suas empresas tão bem-sucedidas. Você não tem receio de revelar informações demais?

Thomas sentou-se na cadeira à minha frente.

– Discuti isso com os diretores da companhia. Nos retiros, sempre falamos abertamente sobre o que está funcionando e o que não está. Chegamos à conclusão de que compartilhar parte da informação por meio de revistas seria uma boa forma de atingir mais gente.

Assenti com a cabeça.

– Esta é a minha forma de pensar, Joe: eu aprendi muito com outras pessoas porque elas compartilharam o que sabiam. No fim das contas, tudo é uma questão de execução e conhecimento. Se alguém da concorrência for um ótimo líder e estiver disposto a fazer de tudo para criar uma ótima empresa, mas não souber otimizar as fontes de lucro, eu prefiro ensinar sobre os cinco pilares a deixar que ele acabe falindo. São inúmeras as oportunidades e há lucro suficiente para todo mundo.

Thomas deixou escapar um suspiro.

– Eu não sei, Joe, mas talvez, quando escrevi esses artigos há um ano, eu já intuísse o que estava acontecendo comigo. Ao vivenciar uma situação como esta, você quer ter certeza de que está fechando todos os ciclos, amarrando todos os fios soltos. Certa vez, uma pessoa mudou a minha vida ao compartilhar comigo algo que sabia. Eu lhe prometi que faria o mesmo no decorrer da minha existência. Agora que as coisas estão chegando ao fim quero me certificar de que vou cumprir a promessa.

Seu olhar se perdeu por alguns segundos, depois Thomas continuou:

– Quando eu partir, o que aprendi não vai mais me servir para nada, Joe. Mas se eu compartilhar com outras pessoas, meus ensinamentos poderão ajudá-las. E se essas pessoas os compartilharem com mais alguém, quem sabe aquilo que eu sei hoje poderá sobreviver por muito tempo depois que eu me for. Eu gosto dessa ideia. De alguma forma, dá mais significado à minha vida.

21

Deixei Thomas em seu escritório e saí vagando pelo quintal. Ele havia me perguntado se eu escrevera um diário de viagem durante minha estada na Espanha. Eu tinha escrito um e emprestei-o a ele. Encontrei o diário em cima da mesa na varanda, e vê-lo ali me fez lembrar de uma conversa que tivemos no início da nossa amizade. Durante minha segunda visita à sua empresa, comentei que estava pensando em cancelar minhas férias por causa de um problema no trabalho. Ele me olhou incrédulo.

– Sabe, Joe, uma das coisas mais engraçadas da vida é que a gente acredita que é imortal. A gente acha que pode adiar as coisas porque sempre haverá mais tempo e outras oportunidades. Mas isso é uma grande ilusão. Em nossa cabeça, acreditamos ter 21 ou 34 anos, ou qualquer que tenha sido a idade mental na qual paramos de contar. Mas a vida não dura para sempre, Joe. Ela termina em algum momento.

Eu não estava entendendo onde ele queria chegar com aquilo.

– Você precisa fazer o que quer enquanto pode – Thomas dizia. – As pessoas trabalham durante 40 ou 50 anos para um dia se aposentar e subir a Torre Eiffel, ou explorar o Outback australiano ou passear pela Torre de Londres, e nunca chegam a fazer isso.

Ele fez uma pausa.

– Ser líder não significa ficar de pé num palco ou fazer videoconferências uma vez por ano para agradecer aos funcionários pelos seus esforços. Um grande líder cria um ambiente onde as pessoas sejam bem-sucedidas. Não apenas uma vez por ano, não apenas quando há dinheiro extra no orçamento, mas todos os dias. Você sabia que para 90% das pessoas "viajar o mundo" é um de seus Cinco Grandes?

Balancei a cabeça, negando.

– Pois é verdade. Temos uma agência de viagem dentro da empresa só para ajudar as pessoas a fazerem a viagem dos seus sonhos. Não quando tiverem 65 anos e estiverem se aposentando, mas agora, todos os anos. E em alguns casos, várias vezes por ano. E você sabe de uma coisa, Joe? Quando as pessoas voltam, estão melhores do que quando partiram. Pessoal e profissionalmente. Isso é muito impressionante.

– É mesmo.

– E a verdade é que ajudamos os funcionários a conseguir muito mais do que agradáveis experiências de viagem. Nós os ajudamos a construir uma sala no museu de suas vidas. Uma boa sala. Uma sala que visitarão com alegria pelo resto da vida. Porque quando você faz uma pausa e adquire essas experiências, ninguém jamais pode tirá-las de você. Serão suas para o resto da vida. Mas, Joe, uma vez que você abre mão desse seu tempo, ele se vai para sempre. Você nunca mais vai conseguir recuperá-lo. – Ele fez uma pausa e perguntou: – Sabe quanto a agência de viagens nos custa a mais?

Mais uma vez, balancei a cabeça negativamente.

– Nada.

– Nada?

– C+E<O. Um funcionário da empresa me apresentou essa ideia depois de tirar três meses de férias. Agora ele e outras cinco pessoas administram a agência. São todos viciados em viagens. Todos fizeram MBAs nas melhores universidades do mundo e têm currículos espetaculares. Poderiam estar chefiando departamentos nas minhas empresas ou em qualquer outra, mas estão administrando à divisão Cinco Grandes Viagens. Cada um deles trabalha cinco meses e folga sete. Trabalham juntos durante um único mês. E são cobertos pelo plano de saúde o ano todo. Quando não estão aqui, estão viajando, que é o que amam fazer. Quando voltam, se ocupam em ajudar o nosso pessoal a viajar o mundo, o que é a outra coisa que amam fazer.

– Uau! – exclamei.

– Eles descobriram uma forma de tornar o departamento autossuficiente por meio dos reembolsos que recebem das companhias aéreas, hotéis e locadoras de carros. É esse tipo de ambiente de sucesso que eu quero para o meu pessoal, Joe. Não apenas por ser uma boa decisão do ponto de vista financeiro, não só porque motiva as pessoas. Eu quero isso porque, acima de tudo, como líder, eu não estou no mundo dos negócios apenas pelos negócios. Todo líder, independentemente do seu papel, também está no negócio da vida.

Thomas estava empolgado com sua própria explicação. Fez uma pequena pausa e continuou:

– É claro que podemos esquecer isso de vez em quando. Podemos cancelar uma viagem vez ou outra, deixar os amigos ou a família na mão de vez em quando... Mas por quê? Certa vez, durante uma entrevista, o jornalista me perguntou se eu tinha uma solução para a síndrome de Burnout. Ele não acreditou quando eu disse que isso não acontecia nas minhas empresas. Expliquei que esse esgotamento físico e mental acontece quando as pessoas se dedicam por longas horas a um trabalho para o qual não dão importância. Elas fazem isso com um único objetivo: juntar dinheiro suficiente para que possam *parar de fazê-lo*.

Dei uma risadinha. *É isso mesmo que acontece*, pensei.

– Tudo nas minhas empresas é ligado ao Propósito De Existir das pessoas e aos seus Cinco Grandes. Fazemos tudo isso para garantir que nossas vidas sejam um sucesso da maneira que o definimos. Não quero gente que *goste* do emprego. Quero gente que se sinta realizada pelo trabalho que faz. Quando você consegue isso, as pessoas não ficam estressadas nem estafadas. Elas se sentem energizadas.

Fiquei pensando no meu emprego e em quão detestável ele me parecia.

– Gente energizada é produtiva. Gente com Burnout se demite. Qual desses dois grupos você acha que irá torná-lo bem-sucedido como líder? – Thomas fez uma pausa e apontou para uma sala em frente a nós. – Está vendo aquele homem ali, o de camisa polo azul e calça cinza?

Olhei em direção à sala.

– Sim, estou vendo.

– Aquele é Chris Lanticks. – Thomas caminhou até um corredor lateral. – Olhe aqui.

Fui para o local que Thomas indicava. As paredes do corredor estavam cobertas de fotos. Parecia que todas as pessoas estavam em férias.

– Essa é a parede da Cinco Grandes Viagens. Todo mundo que quiser pode pendurar fotos aqui. A ideia é inspirar os outros a fazerem a viagem de seus sonhos. – Thomas apontou uma foto de Chris. – Olhe ele e a esposa na Austrália. Eles ficaram seis semanas lá no ano passado.

– Ele tem seis semanas de férias?

– Não, quatro. Mas decidiu levar o laptop e participar de algumas reuniões a distância. Assim, conseguiu esticar a viagem em mais duas semanas.

– E quem ficou de olho nele?

Thomas riu.

– Ele mesmo. Pessoas talentosas não precisam que ninguém monitore seu comportamento, Joe. Não fazem um bom trabalho porque tem alguém observando. Essas pessoas fazem um ótimo trabalho porque é assim que são e porque gostam do que fazem.

22

FAZIA TRÊS SEMANAS que eu estava hospedado na casa de Maggie e Thomas. Nesse período, eu tinha visto Thomas cuidar de assuntos profissionais por telefone, mas ele não estava indo à empresa. Maggie me disse que isso se devia a uma combinação de fatores: além de não querer que a equipe testemunhasse seu declínio, ele passava grande parte do tempo sentindo dor. Então fiquei surpreso quando, certa tarde, ele me perguntou se eu estaria livre na noite seguinte para comparecer a uma reunião.

– É claro, Thomas. O que está acontecendo?

– Cindy Ronker marcou uma reunião Torne-me Melhor para discutir um projeto. Queria saber se eu iria e, quando soube que você estava aqui, perguntou se poderia participar também.

– Eu adoraria. Reuniões TMM são sempre divertidas. – Olhei para Thomas. Hesitei em perguntar, mas fui em frente mesmo assim. – Você tem certeza de que está disposto a ir? Os últimos dias foram um pouco pesados para você.

Maggie me contara que Thomas não vinha dormindo bem. Ele tentava, mas com frequência a dor era insuportável. E com o equilíbrio afetado, quando se deitava para dormir, muitas vezes tinha a sensação de estar caindo ou de que o quarto estava girando. Seu corpo estava parando de funcionar.

– Vai ficar tudo bem, Joe. Os médicos prescreveram um medicamento diferente para a dor. Disseram que o efeito dura de duas a três horas. – Thomas deu um sorriso cansado. – Eu preciso sair um pouco. Não gostaria de terminar minha jornada da forma como passei esses últimos três dias. Quero sair e fazer alguma coisa. Eu inventei as reuniões Torne-me Melhor. Essa é a última à qual vou assistir e não quero perdê-la.

Com aquela frase, Thomas penetrava em um novo patamar. Até aquele momento, nós dois sabíamos que ele iria morrer, mas eu tinha a impressão de que uma pequena parte dele ainda acreditava que algo mudaria. Ele acreditava que ainda existia uma chance. Mas, nos últimos dias, havia se convencido de que aquele era o fim.

Meu telefone tocou e olhei o identificador de chamadas. Era Sonia. Ela e eu havíamos conversado duas vezes desde que havíamos nos conhecido no avião. Nas duas vezes, ela havia telefonado para ter notícias de Thomas. Apesar de só conhecê-lo pelo vídeo, estava de fato preocupada com ele. Thomas causava esse tipo de efeito nas pessoas.

– Thomas, lembra-se de Sonia, a mulher que encontrei no avião? Acho que seria bem proveitoso para ela se assistisse a uma TMM. E sei que ela gostaria muito de conhecê-lo. Você se importa se eu convidá-la para ir conosco?

Thomas deu uma risadinha baixa.

– Joe, você sabe que quando eu partir você vai ter de arranjar namoradas sozinho, não sabe?

Eu sorri e assenti.

– Eu acho que isso foi um sim.

23

Na noite seguinte, Thomas providenciou um carro para vir nos buscar. Vinte minutos depois, estávamos diante da casa de Sonia.

– Olá, Thomas – disse ela enquanto entrava no carro e deslizava pelo assento de couro preto da limusine. – Eu sou Sonia. É um prazer conhecê-lo. – Eu entrei logo atrás e o motorista fechou a porta.

Thomas tomou a mão que ela lhe estendeu.

– O prazer é todo meu, Sonia. Fico contente por você nos acompanhar.

Ela olhou para mim e depois para ele novamente.

– Tem certeza de que não vou atrapalhar?

– De modo algum – respondeu Thomas. – Embora eu espere que o Joe tenha lhe contado que quem é convidado para uma reunião Torne-me Melhor não pode simplesmente ir. Tem de participar.

– Não... na verdade ele pulou essa parte. Pensando bem, ele não disse muita coisa além de que achava que eu iria gostar. O que devo esperar?

Thomas virou-se para mim.

– Por que você não explica, Joe? Eu acrescento os detalhes. – Um minuto antes, eu o vira se encolher todo por causa de uma pontada de dor. Eu tinha olhado para ele e aberto a boca para perguntar se estava bem, mas ele simplesmente balançou a cabeça e fez um gesto em direção a Sonia.

– Muito bem – comecei, tentando parecer animado. – Eu farei as honras. Thomas criou o conceito Torne-me Melhor, ou TMM, quando tinha apenas uma empresa, e desde então essa filosofia faz parte da cultura de seus negócios. Cada uma das 14 empresas dele evoluiu a partir de uma ideia de alguém de dentro das empresas existentes. Todas elas já passaram por uma TMM. Esta noite você vai assistir ao que poderá vir a ser a 15ª empresa.

– Você vai *ajudar a criar* o que poderá vir a ser a décima quinta empresa – corrigiu Thomas. – Lembre-se: nada de ouvintes. Apenas participantes.

– E então, que TMM é essa da qual vou participar? – perguntou Sonia.

Thomas fez um aceno com a cabeça na minha direção e eu fui em frente.

– Você se lembra da história dos Cinco Grandes, Sonia?

Ela assentiu.

– Lembro, claro.

– Pois o TMM é um desdobramento disso. Um dos princípios associados aos Cinco Grandes é que quando você sabe onde está na vida e aonde deseja ir, há uma importante pergunta que precisa fazer.

– A pergunta seria "Como eu chego lá"? – sugeriu Sonia.

– Ih, Joe, temos mais uma vítima – observou Thomas, sorrindo.

– Mais uma vítima? – ela indagou.

– Isso mesmo, Sonia – respondi. – Sinto informar que você acaba de se tornar vítima da Doença do Como.

Sonia riu, desconfiada.

– Doença do Como?

– Isso mesmo. Uma das chaves para realizar seus grandes objetivos de vida é sair de onde você está e chegar aonde deseja ir. A maioria das pessoas começa esse processo fazendo a mesma pergunta que você: "Como eu chego lá?" O problema de fazer esta pergunta é que você acaba enfrentando toda espécie de obstáculos desconhecidos pelo caminho. Pense nessas dificuldades como montanhas. Quando enfrenta as primeiras, seu entusiasmo ainda é bem grande, então escala os obstáculos. Mas o que acontece com as pessoas quando deparam com a terceira montanha?

– Elas se cansam de escalar.

– E depois?

– Desistem.

– Exatamente – concordei. – E aí aquela ideia ótima para uma nova empresa ou para uma aventura emocionante nunca se materializa. E surge mais uma vítima da Doença do Como.

Sonia sorriu.

– E como podemos evitar essa terrível doença?

– Descobrindo o Quem – respondi. – Você precisa descobrir alguém que fez, viu ou vivenciou o que você quer fazer, ver ou vivenciar, ou algo próximo disso e perguntar o que ele fez. Então, você usa a informação para sobrevoar os obstáculos.

– E isso funciona?

– Você vai ver a ideia na prática esta noite – respondeu Thomas, sorrindo.

24

QUANDO O MOTORISTA JÁ estava diminuindo a velocidade para parar diante do imenso prédio que despontava à nossa frente, Sonia perguntou:

– Esta é a sede de suas empresas, Thomas?

– Não – respondeu ele. – Costumamos fazer as reuniões TMM na sede. Não sei por que resolveram fazer aqui esta noite.

Quando o carro parou, Sonia e eu saltamos. Thomas nos seguiu, lentamente. Trazia a bengala consigo.

– Estou elegante? – me perguntou, erguendo a bengala.

– Incrivelmente – respondi.

A recepcionista nos recebeu com um sorriso.

– Olá, Thomas – disse, afetuosamente, saindo de trás do balcão para lhe dar um abraço. – Fiquei até mais tarde só para vê-lo.

– Olá, Emily – Thomas respondeu e apresentou-a a Sonia. Virando-se para a convidada, disse: – Emily está aqui desde o dia em que a empresa foi fundada, há quase dez anos. É ela que mantém o lugar em ordem.

Emily sorriu e tomou o braço de Thomas.

– Já que você insiste em fingir que está doente, deixe-me conduzi-lo até a reunião. Sinceramente, Thomas, acho que todo mundo vai perceber que isso é puro teatro.

– Será? – replicou ele. – Mas acho que consigo enganar o pessoal por algum tempo.

Sonia e eu caminhamos um pouco atrás de Emily e Thomas, que iam na frente zombando um do outro.

– A relação de Thomas com todos os funcionários é assim? – perguntou Sonia, surpresa.

– Sim – respondi. – Thomas parte da filosofia de que o mundo seria um lugar melhor se todos se tratassem informalmente.

– Mas não é só isso – observou Sonia. – Ele é presidente de todas essas empresas e ela é uma recepcionista. Pela intimidade dos dois, qualquer um pensaria que são vizinhos ou velhos amigos.

– Thomas é assim. Se você perguntar a ele, vai dizer que *são sim* velhos amigos. Ela já compartilhou dez anos da sua vida com esta empresa.

– Mas ela recebe salário, não é?

– É claro que sim.

– Então...

– Sonia, eu sei que isso pode soar estranho. Eu também achei esquisito quando conheci Thomas e vi como era caminhar por uma de suas empresas. Para ele, o sucesso de suas empresas significa que seu PDE está sendo realizado. E cada pessoa que vem aqui todos os dias para trabalhar está, na verdade, ajudando-o a satisfazer seu PDE. É claro que todos recebem salário. E é claro que as pessoas também estão em busca de seus próprios objetivos, caso contrário não teriam conseguido o emprego. Thomas jamais se esquece de que todos *escolhem* estar aqui. Então, sempre faz com que se sintam importantes e demonstra sua gratidão.

Sonia olhou para Emily, que seguia mais adiante.

– Por acaso você sabe quais são os Cinco Grandes dela?

– A história de Emily é bastante impressionante. Não me lembro de todos os detalhes, mas há uns dez anos ela enviou uma carta para Thomas contando que o havia conhecido ao ler uma entrevista sua no *Chicago Tribune*. Na carta, ela explicou que sua filha e seu genro haviam morrido num acidente de carro. Sua neta de 8 anos sobreviveu à batida e estava sob sua responsabilidade. Ela contou que tinha um chefe horrível e um emprego que detestava e não sabia mais o que fazer. Ela também escreveu na carta os seus Cinco Grandes, que incluía fazer as pessoas felizes, garantir que a neta frequentasse a universidade e achar uma forma de mantê-la sempre em segurança. Os outros dois eu não lembro.

– E ele a contratou?

– Não. Ligou para ela pessoalmente e a convidou para almoçar no restaurante da empresa. Então, mandou um carro com motorista ir buscá-la. Quando se encontraram para almoçar, conversaram sobre o PDE e os desejos que ela havia escrito. Thomas acreditava que ela daria uma ótima Diretora de Primeiras Impressões na empresa que estava sendo criada. Ele disse que a decisão não era dele, e sim de Kerry Dobsin, diretora da empresa em questão. Mas prometeu marcar uma reunião para discutir o assunto. E assim o fez.

– E, então, ela foi contratada.

– Foi. Thomas, Kerry e Emily se reuniram e fundaram um clube de atividades dentro da empresa onde os filhos dos funcionários pudessem ficar e fazer os deveres de casa enquanto os pais trabalhavam. Assim, Emily conseguiria fazer as pessoas felizes sendo a primeira impressão positiva da empresa, ganharia um salário bom o suficiente para financiar os estudos da neta e, com o clube que ajudou a criar, poderia dar à menina um local seguro onde ficar depois da escola.

– Kerry ainda é a diretora dessa empresa?

– Não, na verdade hoje é a executiva-chefe de operações da organização principal que reúne todas as empresas. É capaz de estar aqui esta noite. Eu lhes apresento.

– Joe, não me entenda mal, mas eu só quero entender... Todas essas coisas que Thomas e Kerry fizeram por Emily... Será que realmente foi um bom investimento do tempo deles? Ele é dono de várias empresas, ela era diretora de uma delas...

– Esse é o jeito dele – respondi. – E porque Thomas é assim e essa foi a cultura que ele criou, Kerry também é assim. Emily é uma maravilhosa Diretora de Primeiras Impressões. Tenho certeza de que dá para calcular o retorno financeiro disso. A simpatia e a competência dela conquistam novos clientes, justificando o investimento de Thomas. Com o clube de atividades é a mesma coisa. Os pais ficam mais tranquilos e isso diminui o número de faltas, o que se traduz em mais produtividade e, portanto, maiores lucros.

– Estou impressionada! – Sonia exclamou.

– Se você conversar com Thomas e Kerry sobre isso, eles provavelmente lhe dirão que os líderes bem-sucedidos são aqueles que sabem que estão lidando não apenas com negócios, mas também com o negócio da vida. Os resultados financeiros são uma mera consequência.

25

ALCANÇAMOS THOMAS E EMILY quando eles chegavam à porta da sala de reunião.

– Até parece que está acontecendo uma festa aí dentro – comentou Sonia.

Parecia mesmo uma festa. Havia música e as pessoas riam e conversavam alto.

– TMMs são sempre uma festa – respondi, sorrindo.

Abri a porta e um coro de gritos explodiu. Ao entrar, Thomas foi imediatamente cumprimentado pelos homens e mulheres presentes.

Eu me virei para Sonia.

– Foi isso que eu quis dizer com ser mais do que apenas negócios. Essas pessoas não são só funcionários. São viajantes que se ajudam, mutuamente, numa jornada semelhante.

Sonia e eu permanecemos ao lado da porta de entrada e eu deixei que ela absorvesse bem a cena. Estávamos num salão em forma de anfiteatro, com duas grandes telas à frente. As cadeiras estavam dispostas em semicírculos, sobre plataformas de diferentes níveis, de modo que cada fileira se encontrava 45 centímetros acima da anterior.

Na tela da direita, uma animação estava sendo exibida. Alguém havia sobreposto uma foto da cabeça de Thomas num personagem de desenho animado vestindo um uniforme cáqui. O personagem caminhava pela selva e olhava por entre árvores e pedras. A cada poucos segundos, um leão ou elefante ou outro animal surgia. No topo da tela, os dizeres: "Thomas em busca dos Cinco Grandes."

Sonia tocou meu ombro e perguntou, com um sorriso nos lábios:

– O que isso quer dizer?

– A ideia original dos Cinco Grandes saiu do livro do qual lhe falei, sobre o rapaz e Ma Ma Gombe. A história toda se passa na África – respondi.

Sonia soltou uma sonora gargalhada.

– E aquilo ali? – perguntou, apontando para a outra tela.

Na outra tela, lia-se a frase: "Onde se enfiou Joe Pogrete?" Um membro igualmente talentoso da equipe de TI havia colado uma foto do meu rosto sobre o de um personagem de desenho que vagava por um gigantesco mapa-múndi. A cada poucos segundos, o personagem dava um pulo com braços e pernas estendidos e ouvia-se minha voz dizendo: "Aqui é Joe Pogrete e estarei fora do escritório... Aqui é Joe Pogrete e estarei fora do escritório..."

– Eu sinto muito, Joe, mas a gente não resistiu quando soube que você tinha voltado de um dos seus retiros de quatro meses – comentou uma voz.

Eu me virei e vi Kerry Dobsin, a executiva que eu havia mencionado para Sonia. Ela abraçou Thomas e veio me cumprimentar.

– Imagino que tenham tirado isso da minha caixa postal? – perguntei, em tom de brincadeira.

Kerry também ria.

– Exatamente. Você tornou as coisas muito fáceis para nós.

Apresentei Kerry e Sonia. Após alguns minutos de conversa, Kerry virou-se para mim:

– Joe, por que não deixa que Thomas e eu apresentemos Sonia para todo mundo enquanto você se organiza?

– Enquanto eu me organizo...? – perguntei.

– É. Eu ia liderar a reunião, mas já que você está aqui...

Limitei-me a sorrir.

– Excelente. Quer dizer que eu tenho... quinze minutos para me preparar?

Kerry retribuiu o sorriso.

– Ora, vamos, Joe, é para isso que você é tão bem pago. – Ela se virou para Sonia. – Costumamos ter esse tipo de reunião nos retiros para executivos. Joe liderou quase todas as TMMs nos últimos quatro anos. Quinze minutos devem ser o dobro do que ele precisa.

Enquanto Kerry se afastava com Sonia, apresentando-a aos vinte e poucos presentes, olhei em volta da sala. Thomas estava de pé, apoiando o peso do corpo sobre a bengala, enquanto conversava com um pequeno grupo. Ele me pareceu bem. Um pouco cansado, mas bem. Localizei a idealizadora da reunião e fui falar com ela. Depois de pegar todas as informações necessárias sobre o que ela iria propor, encontrei o microfone e bati nele algumas vezes.

– Sentem-se, por favor. – Algumas pessoas riram e todos foram se aproximando das primeiras fileiras e se acomodando nas poltronas.

A sala ficou em silêncio.

– Boa noite a todos – comecei. – Bem-vindos à TMM desta noite. Sei que a maioria de vocês tem grande familiaridade com o funcionamento disto porque já tiveram as suas próprias TMMs e compareceram a muitas outras. Em consideração aos poucos que estão aqui pela primeira vez, permitam que eu explique, rapidamente, como funciona. A cada seis meses, ou menos, conforme a necessidade, os presidentes e diretores das empresas da organização de Thomas se reúnem com o objetivo específico de ajudar um colega a tornar uma ideia melhor. Por isso o nome TMM, Torne-me Melhor. A ideia pode ser para um novo produto, para um novo serviço, uma melhoria operacional, qualquer coisa que tenha um potencial significativo. Como a maioria de vocês sabe, também pode ser uma ideia para a criação de uma nova empresa.

Todos os presentes mantinham um silêncio respeitoso enquanto Joe falava.

– O formato é simples. Aquele que está apresentando a ideia tem 20 minutos para explicá-la. Em seguida, o objetivo do grupo é torná-la melhor. Todos podem ajudar a identificar oportunidades que talvez não tenham sido mencionadas, a encontrar formas de aprimorar a ideia, caso se trate de um produto ou serviço, a localizar os possíveis problemas e a descobrir como a empresa ou os clientes podem se beneficiar dela. Lembrem-se de que todos nós temos limitações, mas são limitações diferentes. O que talvez seja um obstáculo para uma pessoa pode ser uma oportunidade para outra. E não se esqueçam de que o objetivo aqui é tornar uma ideia melhor, não aniquilá-la. Assim, se você enxergar um defeito, explique-o e ofereça alternativas. Nada de negatividade. Quando terminarmos, se ainda houver falhas, o apresentador poderá voltar e verificá-las.

Chamei o apresentador. Era um diretor de 28 anos que havia apresentado a ideia a Cindy Ronker, diretora da empresa onde ele trabalhava. Como ela gostou, resolveu trazê-lo aqui. Nos 20 minutos que se seguiram, ele explicou sua proposta. Havia se preparado bem; a apresentação foi bem elaborada, a análise, detalhada, e ele foi sincero quanto aos pontos que sabia e aos que precisava de ajuda. Observei que, enquanto ele falava, quase todos os presentes faziam anotações, inclusive Sonia.

– Excelente – comentei após os aplausos, quando ele terminou. – Ótima ideia, ótima apresentação. – Eu me virei para a plateia. – Agora vamos ajudá-lo a torná-la melhor. Alguém quer começar?

Imediatamente, várias mãos foram erguidas por toda a sala. Apontei para uma.

– Chris.

– Você poderia expandir o mercado para incluir mulheres abaixo dos 30 anos se...

Outra mão se levantou.

– Stephanie.

– Se perseguir o mercado que está pretendendo, nós poderíamos entrar com vocês. Temos 40 mil nomes e endereços da campanha promocional que fizemos na qual...

Outra mão.

– Mike.

– A taxa de penetração de mercado talvez esteja um pouco alta. Fizemos uma coisa parecida e o número acabou sendo bem menor. Você pode experimentar...

Durante duas horas e meia, as pessoas reunidas naquela sala trabalharam juntas para aprimorar a ideia original. Depois da primeira hora, já estavam melhorando as melhorias. Quando terminaram, seis falhas haviam sido identificadas e reparadas; quatro grandes mudanças no projeto original haviam sido feitas e oito dos diretores presentes haviam identificado oportunidades para alavancar bases de clientes já existentes e levar a ideia a cabo.

Para alguém de fora, o evento devia mesmo parecer mais uma festa do que uma reunião. Foi divertido, as pessoas riram, fizeram piadas umas com as outras. Além disso, trabalharam perfeitamente bem juntas. Em apenas duas horas e meia, aperfeiçoaram a ideia mais do que o rapaz poderia ter conseguido em um ano inteiro sozinho.

26

QUANDO A REUNIÃO TERMINOU e todos já haviam se despedido, Sonia, Thomas e eu entramos na limusine.

Sonia virou-se para Thomas.

– Isso foi incrível. Eu nunca vi nada parecido.

Thomas sorriu:

– Obrigado, Sonia. Fico feliz que tenha se divertido. E também que tenha participado. – Ele se virou para mim. – E obrigado, Joe. Como sempre, você fez um ótimo trabalho facilitando o processo e melhorando a ideia.

– Fez mesmo, Joe – acrescentou Sonia. – Foi divertido vê-lo lá. Definitivamente, você sabe fazer aquilo.

Dei um sorriso.

– Tenho de agradecer a Thomas por isso. Como mencionei no avião, ele me ajudou a encontrar um trabalho que se encaixaria com minhas verdadeiras paixões na vida.

Thomas sorriu e virou-se para Sonia.

– O que você presenciou esta noite é apenas a primeira das três TMMs pelas quais aquele jovem irá passar. Nos próximos seis meses, ele vai participar de algo parecido com uma amostragem transversal com profissionais de nossas diferentes empresas e, depois, com um grupo de clientes que seriam usuários em potencial. Depois disso, volta para uma rodada final com os diretores.

– Como vocês selecionam os participantes? – ela perguntou.

– Por sorteio. Temos tantos voluntários que agora selecionamos 20, aleatoriamente, para cada TMM.

Sonia olhou para nós dois.

– Não consigo acreditar que todos esse executivos consigam trabalhar juntos. Vocês jamais veriam isso na minha empresa.

Thomas trocou a bengala de lado.

– A liderança precisa fluir de cima para baixo, Sonia. Eu nunca tolerei gente que não trabalhe em grupo. É ruim para o clima, ruim para a produtividade e, de maneira geral, ruim para os negócios. – Ele riu. – Além do mais, não é nada divertido. A energia, a alegria e o entusiasmo que você viu esta noite são os mesmos de quando minha primeira empresa consistia apenas em mim e mais duas pessoas.

– Então é uma questão cultural? – perguntou Sonia.

– Em grande parte sim, mas não é só isso – respondeu Thomas. – Cada um desses diretores comparece às TMMs porque uma mão lava a outra. A ideia inicial de suas próprias empresas passou pelo mesmíssimo exercício, e, sem ele, não teriam chegado onde estão. Então eles frequentam esses eventos como uma forma de retribuir. Além disso, aproveitam as boas ideias em suas próprias firmas. E, em muitos casos, acabam conseguindo novas oportunidades de parceria.

Sonia olhou para Thomas.

– Então foi assim que todas as suas empresas foram criadas?

– Mais ou menos. Cada um desses executivos, em algum momento, bolou uma ideia original que foi submetida à TMM. A ideia foi melhorada, complementada e, por fim, resolvemos fundar uma empresa em torno dela.

Ela assentiu.

– Mas por que fundar outras empresas? Por que não criar novas divisões dentro da empresa original?

– Por uma série de razões. Às vezes porque fazia mais sentido lançar uma marca totalmente diferente. Outras vezes por motivos legais, quando queríamos limitar algum tipo de obrigação ou responsabilidade fiscal. Mas, em geral, decidi fazer assim porque ensino as pessoas a serem líderes e, em algum momento, os grandes líderes vão querer liderar. Vão querer tomar a frente das coisas não só como chefes de departamento, mas como responsáveis pela decisão final.

Thomas fez uma pausa para respirar.

– Antigamente, quando eu só tinha a empresa original, percebi que alguns dos meus diretores estavam chegando a esse ponto, então os reuni e tivemos uma TMM de dois dias, muito aberta e franca, sobre liderança. Disse a eles que não queria perdê-los, mas que também não queria privá-los de crescer. Eles me disseram que não queriam ir embora porque amavam aquilo que haviam ajudado a construir, mas que também queriam ter a chance de assumir a responsabilidade como líderes.

– Então você estava certo em falar abertamente sobre a questão – opinou Sonia.

– Não exatamente – respondeu Thomas. – Meu raciocínio estava correto, mas eu subestimei aqueles profissionais. Achei que demorariam uns dois anos ainda para ter vontade de liderar uma empresa de fato. Mas alguns já estavam prontos naquele instante. Eu quase coloquei tudo a perder.

– Mas não colocou – intervim.

– Às vezes, a gente tem sorte – Thomas piscou o olho para mim e se virou para Sonia. – Quando expus a questão, todos nos demos conta de que era de nosso interesse encontrar uma solução. Assim, da mesma forma que você viu esta noite, começamos a propor ideias e, logo a seguir, a aprimorá-las. Fomos fazendo ajustes, completando, corrigindo, até chegarmos a algo que ia ao encontro de nossos objetivos e nos levaria ao sucesso.

– E o que era? – indagou Sonia.

– Um modelo híbrido – respondeu Thomas. – Lembra-se de que na vinda estávamos falamos sobre como prevenir a Doença do Como?

Sonia assentiu.

– Bem, procuramos bastante e encontramos alguns "Quem" que podíamos imitar. Franquias, empresas de marketing, subsidiárias... Um dos Quem que imitamos foi uma cadeia de restaurantes. Minha esposa, Maggie, adora comer num lugar no centro de Chicago chamado Big Bowl. Certa noite, estávamos conversando com a garçonete e ela nos contou que os donos do Big Bowl também tinham outros restaurantes. Fiz uma pequena pesquisa e acabei descobrindo que eles têm vários tipos de "conceitos em restaurante". Acho que atualmente são mais de 30. Cada um é único e possui sua própria decoração, estilo, nome, tipo de comida, público-alvo. Eles são diferentes mesmo. O Big Bowl serve culinária asiática. Outros são especializados em comida italiana e outros, ainda, têm o crepe como carro-chefe. Todos são realmente diferentes e, no entanto, têm algumas coisas em comum. A comida é sempre excelente, o serviço é ótimo *e* todos têm o mesmo dono.

– E o interessante é que, assim, conseguem atingir um número de clientes muito maior – comentei.

– Exatamente, Joe. O que achei engenhoso em relação a esse conceito foi perceberem que até mesmo quem ama um restaurante se cansa de comer nele. Ao oferecer comidas diferentes em restaurantes exclusivos e variados, evitaram a aparência de uma cadeia e, no entanto, mantiveram uma das vantagens que estas têm: múltiplas localizações dentro de uma área geográfica relativamente pequena.

Virei-me para Sonia.

– Eles se deram conta de que as pessoas acabariam frequentando outros restaurantes, então era melhor canibalizar o próprio mercado do que deixar que os clientes procurassem a concorrência. Várias empresas fazem isso. Por exemplo, a Marriott, imensa rede de hotéis e resorts, construiu o Courtyard by Marriott, o Fairfield Inn e o Residence Inn, um ao lado do outro. A Marriott se deu conta de que nem todos os clientes estão em busca do mesmo tipo de acomodação, então, em vez de oferecer um único tipo e perder hóspedes para a concorrência, ela se tornou sua própria concorrência. Oferece todos os tipos e canibaliza o seu próprio negócio.

Sonia virou-se para Thomas.

– De que forma você aplicou esse conceito com seus futuros líderes?

– Bem, criamos um modelo no qual os líderes que tinham uma ideia para uma empresa, mesmo que fosse completamente diferente da minha empresa principal, pudessem passar pelas quatro sessões de TMM enquanto ainda estivessem ocupando seu cargo original. E, se tudo corresse bem, podiam dedicar quatro sextas-feiras seguidas e o tempo que julgassem necessário em prol do lançamento da empresa, sem precisar investir qualquer capital.

– Essa é a parte que sempre achei mais engenhosa – opinei.

– Um dos meus líderes tinha ouvido um palestrante chamado Bruce Hurley explicar como começara mais de uma dúzia de empresas sem dinheiro algum. Segundo a filosofia de Bruce, não era necessário ter escritórios, logomarcas, computadores, etc. para se dar início a um negócio. Só é preciso uma boa ideia, um pouco de suor e um cliente. Então, adotamos essa metodologia. Cada uma das minhas empresas deu lucro desde o primeiro dia. Os líderes usavam as sextas-feiras para apresentar a ideia aos clientes em potencial. Com frequência, esses clientes já haviam participado das sessões de TMM, por meio de seus diretores.

– A empresa de Thomas já tinha excelentes relações com esses clientes, então era apenas uma questão de saber se o novo produto ou serviço satisfazia uma necessidade existente. Aquele era o laboratório perfeito para uma nova empresa – interrompi para ajudá-lo a explicar. Thomas começava a apresentar sinais de cansaço.

– Isso mesmo. Se tudo corresse bem depois daquelas quatro sextas-feiras, lançávamos a nova empresa em uma parte da sede corporativa separada especialmente para essa função. Se, três meses depois, as perspectivas ainda parecessem boas, minha empresa original fazia um investimento de capital em troca de uma porcentagem da propriedade da nova empresa. Depois disso, o líder escolhia onde seria a sede e a empresa se tornava independente.

Thomas sorriu.

– Os que mais tiveram dificuldades foram os primeiros. A última firma que criamos teve a vantagem de poder contar com os clientes de 13 outras empresas. Aqueles empreendedores originais não tiveram o mesmo recurso. É lógico que, hoje em dia, podem contar com os clientes que as novas conseguiram.

– Então os líderes de todas as empresas trabalham juntos? – Sonia quis saber.

– Sim. Esse foi um dos principais objetivos daquela primeira reunião. Sabíamos que nosso propósito era criar um sistema no qual todos se beneficiassem de trabalhar juntos. Estruturamos nossa parceria de maneira que 1,5% do faturamento de cada empresa, incluindo a minha, seria destinado a encontrar formas de todas se ajudarem mutuamente. Todos os executivos se reúnem anualmente para uma TMM. Melhoramos todas as empresas com base naquilo que aprendemos durante o ano e eliminamos quaisquer problemas que porventura surjam.

– É impressionante! – disse Sonia, empolgada.

– Treinei as pessoas para serem líderes. Se eu não tivesse criado uma maneira de fazer com que todos assumissem responsabilidades, alguns acabariam me deixando. Não haveria benefício algum para mim ou para minha empresa. Os que permanecessem comigo iriam se tornar excelentes líderes, mas não deixariam espaço para os mais jovens crescerem. Então, meus futuros líderes partiriam e não haveria benefício algum para mim ou para minha empresa. – Thomas inspirou profundamente, mas continuou a falar. – Dessa forma, cada vez que uma nova empresa é criada, os líderes recebem a oportunidade de exercer sua liderança, além de abrir novas "vagas" para os empreendedores mais novos. Existe um benefício financeiro para a minha companhia, já que sou proprietário de uma parte de todas as novas empresas. E, quanto melhores forem os resultados da nova empresa, melhor para todas elas, porque todas trabalham juntas.

– Você canibalizou seu próprio negócio – concluiu Sonia.

– De certa maneira sim, embora a decisão não tenha sido só minha – respondeu Thomas. – O que acabo de explicar é o resultado da TMM que tive com meus líderes. Foram eles que elaboraram isso. Eles não queriam se separar do que chamam de "a família que ajudamos a construir" e eu não queria que eles se separassem.

Thomas forçou um sorriso.

– Dessa maneira, eles podem administrar sua própria empresa e continuar fazendo parte da "família".

Ele se recostou no assento do banco e pegou uma das garrafinhas de água do pequeno frigobar da limusine. De repente, seu corpo se encolheu e o suor começou a escorrer pela testa. Seu rosto ficou pálido.

– Thomas, o que foi? – perguntei.

Ele tentou responder, mas não conseguiu. Seus olhos reviraram completamente.

– Thomas! – gritei, agarrando-lhe o braço. Não houve resposta. – Thomas!

Esmurrei a divisória de vidro que nos separava do motorista.

– Hospital Northwestern Memorial! – gritei quando o motorista abriu a divisória. – O mais rápido que conseguir.

27

Sonia e eu estávamos sentados na sala de espera quando Maggie entrou. Ela se encontrava no centro da cidade quando lhe telefonei do carro, mas já estava na emergência quando chegamos. Os médicos imediatamente levaram Thomas para fazer exames e Maggie foi com ele. Sonia e eu ficamos do lado de fora.

Eu me levantei quando Maggie entrou.

– Ele está bem? – perguntei.

Ela assentiu com a cabeça, os olhos banhados em lágrimas. Sonia também se levantou e passou os braços em torno de Maggie, que começou a chorar.

– Ele está morrendo, Joe.

Sonia conduziu Maggie até uma cadeira.

– Eles disseram o que aconteceu? Ele parecia bem, apenas cansado. Estava falando sobre as empresas quando, de repente...

Maggie secou as lágrimas.

– Disseram que é apenas a progressão natural da doença. A dor vai piorar, convulsões como a que ele teve hoje vão se tornar mais frequentes... Os médicos nos avisaram que isso ia acontecer, só não sabiam dizer quando.

– O que podemos fazer, Maggie? – perguntei.

– Nada. – Ela começou a chorar outra vez. – É o que torna tudo tão difícil. Não há nada que possamos fazer a não ser estar aqui, à disposição dele para ajudá-lo a partir como deseja.

Ela enxugou novamente as lágrimas.

– Ele amou a noite de hoje, Joe. Conversamos um pouco depois que ele se recuperou da convulsão. Ele adorou ver as pessoas tão cheias de vida, tão satisfeitas com o que fazem. E ele adorou vê-lo no comando, Joe. Ele falou sobre como é maravilhoso ver você inspirar as pessoas e ajudá-las a expor suas ideias como fez esta noite. Ele está muito orgulhoso de você. Está muito orgulhoso de todas aquelas pessoas.

DEPOIS DE DAR CARONA para Sonia, voltei para a casa de Thomas e Maggie. Thomas ia passar a noite no hospital e Maggie ia ficar com ele. Eram quase duas da manhã e tudo estava em silêncio. Enquanto eu andava pela casa, as coisas me pareceram sem sentido: as sessões de TMM, as revistas com artigos escritos por ele, o *The Wall Street Journal* na sala de estar.

Então me dei conta de que para muita gente *nada* tinha sentido. Mas não para Thomas. Ele havia organizado sua vida de forma que tudo o que fazia estava alinhado com seu Propósito De Existir e satisfazia seus Cinco Grandes. Ele se concentrava nas pessoas e nas coisas que tinham significado para ele. Sim, ele estava morrendo. Mas, enquanto estivera vivo, realmente havia vivido.

– Eu me pergunto quantas pessoas podem dizer o mesmo – falei em voz alta.

28

ACORDEI TARDE NA MANHÃ seguinte e saí para correr. Quando voltei, vi os pertences de Thomas e de Maggie ao lado da porta. Estavam de volta do hospital.

Andei pelo corredor e, ao passar pelo escritório de Thomas, escutei-o falando ao telefone. Quando olhei pela porta aberta, ele ergueu a vista e fez sinal para que eu entrasse. Eu me sentei na cadeira que ficava ao lado da escrivaninha enquanto ele terminava a ligação.

– É verdade... Eu agradeço... Talvez não as três no mesmo dia, mas podemos tentar... Não, não espero que você faça isso... Não precisa dar nenhum tratamento especial... Certo, me parece bom, eu o vejo lá, então.

Ele desligou o telefone e sorriu.

– Bom dia, Joe.

– Bom dia, Thomas, como está se sentindo? Você nos assustou um pouquinho ontem à noite. Achei que os médicos o fariam dormir hoje o dia todo. Mas já parece estar a todo vapor esta manhã.

Ele me respondeu com um sorriso nos lábios.

– Mais ou menos. Os médicos me mandaram ir com calma, mas eu disse que em breve vai haver calma até demais para mim. Está interessado em passar algum tempo no prédio da CBS amanhã?

– É claro, mas por quê?

– Eu estava falando com Mark Whitley, do programa *The Business of Business*. Lembra-se dele? Dei uma série de entrevistas para ele nos últimos cinco ou seis anos.

– Acho que sim. Ele é uma espécie de Larry King dos negócios, não é isso? Bom entrevistador, justo, faz perguntas difíceis?

– Esse mesmo.

– E aí?

– Faz um ano que ele me convida para fazer um programa especial sobre liderança. Acho que ele deve ter descoberto que tenho passado mais tempo do que o normal em hospitais, pois gostaria de gravar a entrevista o mais rápido possível. Na verdade, são três programas. Acho que não tenho energia para gravar os três de uma vez, mas acredito que consiga gravar dois amanhã e um no dia seguinte. Eu queria que você fosse comigo, se estiver disposto.

Fiz que sim.

– Claro, pode contar comigo.

CHEGAMOS AO ESTÚDIO na manhã seguinte às nove e meia. Mark se juntou a nós em um dos camarins para convidados.

– Olá, Thomas, é bom vê-lo.

Thomas apertou sua mão.

– É bom vê-lo também, Mark. Obrigado por voar até tão longe só por minha causa.

– Sem problemas. Não faço isso com frequência, mas diante das circunstâncias... – Ele fez uma pausa, sem saber direito o que dizer. Então Thomas o salvou.

– Mark, provavelmente esta é a primeira vez que o vejo ficar sem palavras!

O apresentador sorriu.

– Bem, então, como eu ia dizendo, vamos gravar aqui e depois televisionar para todo o país através do estúdio de Nova York. A gente faz a primeira parte agora e passa esta noite, depois grava outro e exibe amanhã. Vamos ver como você está se sentindo para saber quando gravaremos a terceira parte.

Thomas apontou para mim.

– Esse é um grande amigo, Joe Pogrete. Nós nos conhecemos há muitos anos e ele chefia o departamento de seminários para executivos. Talvez a entrevista devesse ser com ele, não comigo.

Mark sorriu e nos cumprimentamos com um aperto de mão.

– A gente pode ir para o estúdio depois que o programa for ao ar e você conta o que realmente acontece nas empresas de Thomas – brincou.

Sorri.

– Com todo o prazer, embora eu esteja certo de que você vai ouvir tudo diretamente dele.

Mark virou-se para Thomas.

– E por falar nisso, sei que você não está no seu melhor estado de saúde no momento. Como amigo, eu gostaria de poupá-lo ao máximo. Mas, como entrevistador, há algumas perguntas difíceis que as pessoas esperam que eu faça.

Thomas sorriu.

– Não me trate de maneira diferente da que trataria em qualquer outra época, Mark. Eu continuo sendo o mesmo.

Mark olhou para nós dois.

– Ok. Nesse caso, vamos para o estúdio colocar o microfone em você. Vamos testar o áudio e a luz e aí começamos a gravar. Joe, fique à vontade. Pode se sentar numa cadeira ao lado das câmeras quando a filmagem começar.

Fiquei assistindo enquanto Thomas e Mark se situavam no set. Sempre me impressionava como as coisas eram diferentes num estúdio quando comparadas com o que aparecia na TV. Na realidade, o set era um palco minúsculo dentro de uma sala gigantesca repleta de cabos, câmeras e monitores, todos conectados a uma sala de controle repleta de mais monitores e equipamentos de áudio. Na TV pareciam duas pessoas sentadas num escritório batendo papo.

O diretor fez a contagem regressiva para o início da filmagem. Quando chegou ao um, ele apontou para Mark.

– Boa noite a todos e sejam bem-vindos a *The Business of Business*. Eu sou Mark Whitley. Hoje apresentaremos a primeira parte de um especial sobre "Liderança no Século XXI". Meu convidado para esta série é Thomas Derale, presidente e fundador da Derale Enterprises. Thomas, é um prazer recebê-lo no nosso programa.

A câmera focalizou Thomas e ele sorriu.

– É bom estar aqui, Mark.

– Thomas, seu estilo de administração é muito peculiar. Há quem diga que os métodos que você estabeleceu são ruins para o mundo dos negócios. Como você reage a isso?

Thomas sorriu outra vez.

– Só posso supor que esses comentários venham da concorrência, Mark. Meu pessoal construiu 14 empresas extremamente lucrativas, nossa taxa de rotatividade está 19% abaixo da média e temos um ótimo relacionamento com nossos clientes e fornecedores. Na minha opinião, isso não tem nada de peculiar. Significa que estamos fazendo as coisas da maneira certa. Não consigo entender por que alguém diria que isso é ruim para o mundo dos negócios.

Mark voltou-se para a câmera.

– Também comentam muito que você faz de tudo para que as pessoas deem o melhor de si. Ao que parece, você investe muito tempo no bem-estar das pessoas, o que muitos empresários não consideram tão importante.

Thomas inclinou o corpo em direção ao apresentador.

– Posso lhe contar um segredo, Mark?

Eu sabia o que estava por vir. Era o mesmo que eu havia contado a Sonia no avião.

– Em primeiro lugar, lucrar é fundamental. Em segundo, o lucro é gerado pelas pessoas.

Mark sorriu.

– Essas são palavras surpreendentes vindas de um líder conhecido por ser adorado pelo seu pessoal. Você não acha que deu uma ênfase exagerada à palavra lucro?

– Mark, pense da seguinte forma. Se uma empresa não for lucrativa, não importa se o ambiente é bacana nem se o trabalho é satisfatório para os funcionários, logo, logo ela quebra. Num cenário como esse, todo mundo sai perdendo. No entanto, eu sempre deparo com a crença incorreta de que lucros e funcionários satisfeitos são inversamente proporcionais. Há muitos líderes que acreditam que quanto mais você pressiona a equipe, mais ela trabalha e, assim, maior será o seu lucro. Também acham que se as pessoas estão felizes é porque não estão sendo devidamente pressionadas e que, por isso, seu lucro será menor.

– E você não acredita que isso seja verdade? – devolveu Mark.

– Eu sei que não é. Se você tiver de pressionar os funcionários para fazerem seu trabalho, é porque ou contratou as pessoas erradas ou tem as pessoas certas nas funções erradas.

Thomas fez uma pausa.

– Mark, você quer que eu conte tudo? Quer ouvir a fórmula secreta de como dominamos o nosso mercado e o porquê de tanta gente nos achar radicais?

Mark pareceu surpreso. Ele deve ter pensado que precisaria pressionar Thomas para extrair essa informação.

– Claro, queremos saber tudo.

– Para início de conversa, não quero que você pense que simplifiquei as coisas. O que vou lhe contar é exatamente a maneira como trabalhamos. É esta a filosofia que usei para fundar a empresa-mãe e as outras 13.

– Está bem – disse Mark.

– Antes de tudo, descobri o que queria fazer da minha vida. O que me faria feliz? Para que eu estou aqui? O que me deixaria tão realizado que, quando eu morresse, teria a sensação de que tinha vivido plenamente? Então descobri os modelos de negócios que me permitiriam ganhar o máximo de dinheiro ao mesmo tempo que satisfazia essas coisas, e aí coloquei o plano em ação.

Thomas parou de falar. Mark olhou para ele sem saber se havia terminado.

– É só isso?

– É só isso. Esse é o segredo. – Thomas se deteve. – E agora você quer saber por que funciona?

Mark sorriu.

– Acho que os nossos telespectadores gostariam disso.

– O que é melhor: fazer algo de que você gosta ou algo de que não gosta, Mark?

– Algo de que eu gosto.

– Quando você tem prazer em fazer uma coisa, quer fazê-la imediatamente ou fica protelando?

– Quero fazer imediatamente.

Thomas sorriu.

– Eu também. Comecei uma empresa fazendo algo de que gostava. Eu era bom em ganhar dinheiro fazendo coisas das quais não gostava, então imaginei que seria um sucesso retumbante investindo o tempo em algo que tivesse importância para mim. E deu certo. Eu era produtivo, eficiente, as pessoas admiravam meu entusiasmo... Funcionou tão bem que, quando comecei a procurar gente para trabalhar comigo, só contratei aqueles que gostavam de fazer as coisas que precisavam ser feitas.

Mark emendou a pergunta assim que Thomas terminou a frase.

– Está certo, Thomas, consigo entender como pessoas que realizam tarefas que as agradam se tornam mais produtivas e como a produtividade leva a lucros maiores, mas é realista acreditar que se pode encontrar gente que realmente ame seu emprego? E é realista acreditar que sem algum tipo de supervisão elas farão seu trabalho direito?

Thomas se ajeitou na cadeira.

– A resposta para a primeira pergunta é: sem dúvida. A resposta para a segunda é: sem dúvida. Para tudo aquilo que você odeia fazer, existe alguém neste mundo que adora. Você detesta arquivar? Há gente que vive para organizar as coisas. Então, contrate alguém assim. Você precisa criar um produto novo, mas odeia a ideia de ficar sentado em reuniões de criação? Contrate alguém cuja mente viva cheia de ideias, mas não tem como canalizá-las. Essas pessoas desempenharão suas funções sem que ninguém as fique monitorando, se seu trabalho estiver alinhado com seus Cinco Grandes.

Mark remexeu em algumas fichas de papel que se encontravam à sua frente e puxou uma delas.

– Que bom que mencionou isso, Thomas. Você é conhecido por muitas coisas, inclusive por algumas expressões que criou. – Ele olhou para o papel. – Uma delas é "Cinco Grandes".

Thomas assentiu com a cabeça e explicou o que significava esse conceito e como o incorporara às suas empresas. Quando terminou, Mark riu.

– Ao que parece, você contrata as pessoas para fazerem aquilo que fazem quando faltam ao trabalho.

Thomas deu uma risadinha.

– É isso aí, Mark. Essa é uma ótima maneira de ver a coisa.

– Mas isso funciona?

– É claro. Deixe-me dar alguns exemplos. Temos uma empresa dedicada a fazer marketing de entretenimento para estúdios cinematográficos. As pessoas que trabalham lá são completamente fanáticas por cinema. Sabem tudo sobre o negócio. Vão a eventos, filmagens... Em parte, são pagas para ver filmes. Outra empresa da companhia produz roupas e materiais esportivos. Cada funcionário lida todos os dias com a criação, o teste e a distribuição dos mesmíssimos produtos cuja utilização os ajuda a satisfazer seus Cinco Grandes. Eles podem conversar a respeito, usar e testar todos os acessórios com os quais brincariam nos fins de semana.

Mark se empolgou.

– Eu quero um emprego desses.

Thomas sorriu.

– Mas só se você conseguir me dizer como ele iria satisfazer seus Cinco Grandes.

– Então essa é mesmo uma parte significativa de sua filosofia, não é? – indagou Mark, incrédulo.

– Você parece surpreso.

– Bem, parece uma abordagem bem diferente, fora da zona de conforto da maioria das pessoas.

Thomas balançou a cabeça.

– Não necessariamente. Eu vivo minha vida de acordo com meus Cinco Grandes. Comecei incorporando esse conceito ao processo de entrevistas das empresas e hoje faz parte do nosso dia a dia. Cada pessoa que trabalha comigo tem seus objetivos impressos no verso do cartão de visitas e afixados no escritório. As pessoas sempre perguntam o que isso significa durante uma discussão corriqueira. Eu não forço nada. Elas gostam de conversar sobre seus objetivos. Querem realizá-los porque desejam ser bem-sucedidas de acordo com aquilo que definiram como sendo sucesso. Como eu disse, elas se motivam sozinhas.

A câmera voltou a focalizar Mark.

– Thomas, os dois exemplos que você deu, a empresa de marketing de entretenimento e a de equipamentos esportivos, encontram-se em áreas de grande interesse para muitas pessoas. O que me diz de alguém que lidera grupos em áreas menos divertidas?

– Sabe, Mark, me fazem essa pergunta com frequência. Em primeiro lugar, não importa sobre que tipo de empresas estamos falando, sempre há gente que se encaixaria maravilhosamente bem e gente que não se encaixaria. Há muitas pessoas que detestariam trabalhar numa empresa de materiais esportivos.

– É verdade... – concordou Mark.

– Conheço muitos moradores dos grandes centros que não dão a mínima para esportes. Se essas pessoas fossem levadas ao topo de uma montanha por cinco minutos, contariam os segundos para voltar para casa. E, ainda assim, você encontra empresas que contratam esse tipo de pessoa para promover esses produtos por outros motivos: sua inteligência, seus contatos... Os requisitos do cargo e as habilidades do candidato combinam, mas na verdade o encaixe não funciona perfeitamente.

Thomas fez uma pausa e depois falou:

– Bem, nós não fazemos isso. Eu quero alguém que tenha todos esses atributos maravilhosos *e* esteja em harmonia com seus Cinco Grandes. Sou dono de 14 empresas e cada uma delas pareceria incrivelmente excitante para determinadas pessoas e terrivelmente enfadonha para outras. Precisamos apenas encontrar as pessoas certas. E nossa motivação para procurá-las é saber que encontraremos alguém que trabalha com dedicação e entusiasmo e, portanto, é mais produtivo. Se somar tudo isso, verá que sua empresa se torna mais lucrativa.

– Thomas, compreendo o que quer dizer e entendo por que funciona. Mas tenho de perguntar outra vez: é realmente possível que esse método funcione para *todo* líder em *toda* empresa? – insistiu Mark.

– E isso tem importância? – indagou Thomas, com um sorriso.

Mark o olhou, confuso.

– Como assim, se tem importância? Se eu sou um líder e estou assistindo ao programa, quero saber se isso pode funcionar para mim.

– Certo, Mark. Eu procuro não generalizar quando estou tentando me tornar um líder melhor e tornar minha empresa mais lucrativa. Mas, como líder, a pergunta que preciso fazer não é se isso funciona para todo mundo. Não quero saber se funciona para todo mundo. A pergunta que tenho de fazer é se funciona para *mim*. Funciona para a *minha* empresa, para o *meu* departamento, para a *minha* equipe?

Thomas tomou fôlego e concluiu com um sorriso:

– A palavra *toda* é mais do que preciso para testar uma ideia e um pouco mais de responsabilidade do que eu gostaria de assumir, Mark.

29

Eu me recostei e fiquei observando a troca entre Thomas e Mark. O entrevistador quis saber mais sobre duas de suas frases típicas: "Dia digno de museu" e "Demonstre interesse pelas pessoas". Depois de destrinchar as duas em detalhes, Mark mudou de assunto.

– Thomas, quero voltar a uma questão importante. Você disse que a pergunta que um líder deveria fazer ao tentar implementar alguma ideia não é "Será que funciona para todo mundo?", mas "Será que funciona para mim?". Já conversamos em outros programas sobre como suas empresas são fundadas: são crias da casa. Assim, mesmo depois de se tornarem independentes, continuam a ter relacionamentos sinérgicos com todas as outras empresas do grupo. Muita gente que está assistindo a este programa lidera organizações, divisões e departamentos onde culturas e equipes foram "herdadas" de gestões anteriores. Até que ponto é possível acreditar que esses líderes serão capazes de obter sucesso quando não tiveram a oportunidade de criar o ambiente em que trabalham?

Thomas tomou um gole de água antes de responder.

– Mark, tudo se resume a motivar as pessoas. Você já foi a algum resort ou parque temático da Disney?

Ele achou graça da pergunta.

– Não, Thomas, nunca fui.

– Bem, se algum dia for, provavelmente presenciará uma coisa que lhe pareceria esquisita em qualquer outro contexto.

– A presença de imensos personagens animados? – sugeriu Mark.

Thomas fez que não.

– Bem, você também vai encontrar isso, claro, mas estou me referindo ao fato de que, a qualquer momento, você verá uma pessoa de terno abaixando para apanhar um pedaço de papel, um copo ou qualquer outro lixo que alguém deixou cair e jogará na lixeira. Executivos, gerentes e colaboradores fazem isso o tempo todo. Todo mundo faz. Não existe nenhuma compensação financeira por esse tipo de comportamento. Não há sistema de pontos no qual bônus são dados para cada 15 sujeiras catadas. Também não existe sistema especial de monitoramento instalado para observar as pessoas que não o fazem e distribuir multas ou advertências. No entanto, as pessoas se sentem motivadas a fazê-lo.

Mark não devia estar entendendo onde Thomas queria chegar. Como se percebesse isso, meu amigo explicou:

– Ora, apanhar o lixo do chão pode não ser a maior preocupação dos seus telespectadores, Mark, mas imagino que, como líderes, haja coisas que eles gostariam que seu pessoal fizesse. A boa notícia é que, para isso, só vão precisar seguir cinco passos. Gerentes de primeira viagem, principalmente os que foram promovidos por suas habilidades individuais, costumam se sentir desconfortáveis com essas ideias. Já conheci muitos que partem da perspectiva de que as pessoas devem fazer as coisas porque "é isso que são pagas para fazer".

– E não é essa a verdade?

– Bem, quer seja ou não, o fato é que o dinheiro por si só não é um grande motivador a longo prazo. Além disso, o que uma pessoa *deve* fazer e o que ela *de fato* está fazendo são coisas muito diferentes. Líderes bem-sucedidos compreendem que essa minha filosofia é capaz de motivar as pessoas muito mais do que as compensações financeiras.

Thomas fez uma pausa e tomou mais um gole de água.

– O primeiro passo, Mark, é que o líder diga claramente ao seu pessoal o que precisa ser feito e por quê. Com frequência, a dificuldade em se conseguir que as pessoas façam as coisas não está na falta de motivação, mas na falta de informação. Em nossos seminários para executivos, descobrimos que os líderes costumam discutir as metas da empresa com colegas e superiores e, portanto, têm imensa familiaridade com elas. O problema é que, por causa dessa familiaridade, acabam acreditando que outras pessoas também estejam familiarizadas. Mas na maioria das vezes não estão. Os líderes precisam passar um tempo explicando à sua equipe exatamente o que devem fazer. E é importante que não se esqueçam de lhes explicar o porquê, pois essa informação permite que as pessoas façam escolhas mais sensatas em suas decisões cotidianas.

Thomas pigarreou e prosseguiu:

– Por exemplo, suponhamos que uma empresa de marketing

precise lançar três novos produtos. O resultado será completamente diferente dependendo dos motivos pelos quais esses produtos devem ser criados: porque o cliente está perdendo uma fatia do mercado para um concorrente; porque quer penetrar no mercado de varejo voltado para membros da comunidade latina, ou por qualquer outra razão.

– É verdade – Mark concordou.

– Além disso, se você quiser que as pessoas atinjam um determinado objetivo, precisa ser o mais específico possível. "Melhorar o atendimento ao cliente" é vago demais, e as pessoas não sabem que atitudes tomar nem se estão fazendo progressos. No entanto, "Diminuir a espera do cliente em dez segundos até junho" é algo que conseguem visualizar e colocar em prática.

Thomas sorriu.

– Sabe, Mark, tenho certeza de que neste instante há líderes assistindo ao programa e pensando: "É claro que todo mundo sabe disso, é tão básico." E a verdade é que eu acho mesmo que eles sabem disso e que seja mesmo básico.

– Mas só porque sabem não quer dizer que façam – disse Mark.

– Exatamente. Atingimos resultados ao *aplicar* o que sabemos, não simplesmente por sabermos.

Mark girou na cadeira.

– Muito bem, Thomas, esse é o primeiro passo. O que vem depois?

– O segundo passo é envolver o seu pessoal na descoberta da solução para os problemas. Isso pode ser difícil para alguns líderes, em especial para aqueles que têm uma equipe com pouca experiência ou que sempre foram premiados por sua capacidade de resolver problemas. A realidade, no entanto, é que, mesmo que o líder seja capaz de chegar a uma solução brilhante sozinho, não vai conseguir que seja implementada de maneira eficiente se as pessoas não se sentirem envolvidas. E a melhor forma de envolvê-las é permitir que ajudem a encontrar a solução.

– Assim elas se sentem importantes – comentou Mark.

– Isso mesmo. O ideal é envolver a equipe não apenas em encontrar soluções, mas em identificar as questões que precisam ser resolvidas. Em minhas empresas, os objetivos do grupo são criados por todos nós. Se um líder não conseguir fazer isso, ele deve ao menos permitir que sua equipe ajude a encontrar maneiras de atingir os objetivos. Estudos já demonstraram que isso não só cria interesse entre o grupo como também ajuda a chegar a melhores soluções.

Thomas fez uma pequena pausa e prosseguiu.

– Treinadores esportivos bem-sucedidos usam esse tipo de técnica o tempo todo. Eles assistem a muitas horas de jogos para estudar os pontos fracos do seu time e dos adversários, mas também envolvem seus atletas na busca pela melhor estratégia de jogo. Eles fazem isso porque, não importa a quantas partidas assistam ou quanto estejam próximos do jogo, eles não participam do jogo. O que eu quero dizer é que a perspectiva dos jogadores ou dos funcionários que estão em ação pode ser radicalmente diferente da do treinador ou do gerente, mesmo que ele esteja por perto.

– Então... – começou Mark, para que Thomas concluísse o pensamento.

– Então, se essas perspectivas diferentes não forem levadas em consideração, duas coisas vão acontecer. Primeiro, quem estiver em ação terá a sensação de que ninguém lhe dá ouvidos, então começa a perder o interesse. Segundo, decisões serão tomadas sem que todos os dados relevantes sejam incorporados. Ambas terão impacto negativo. – Thomas mudou de tom. – E, já que estamos falando neste assunto, Mark, você já praticou algum esporte novo ou disputou uma partida com jogadores experientes?

– É claro – disse Mark.

– E o que pode tornar essa experiência frustrante?

Mark riu.

– Certamente o fato de que todo mundo parece saber o que está fazendo, menos você.

– Exatamente. É bastante comum fazermos algo que julgamos correto e só depois nos avisarem que é ilegal ou contra o regulamento. Isso é muito frustrante. Assim, o terceiro passo é...

– ...explicar as regras do jogo – completou Mark.

– É isso mesmo. Estou sempre esbarrando com funcionários e líderes que passam por isso em seu local de trabalho. As pessoas recebem uma tarefa, mas não lhes dão parâmetros ou regras. Então, semanas após terem começado o projeto, apresentam o trabalho a um superior e descobrem que precisam mudar tudo por causa de detalhes que ninguém nunca lhes informou. Pode imaginar quanto isso é desestimulante? Sem falar nos custos perdidos em termos de tempo, empenho e produtividade... As pessoas podem encontrar soluções para quase qualquer problema, mas precisam conhecer as regras do jogo.

Mark assentiu.

– Muito bem, Thomas, então esses são os três primeiros passos, e o que me diz dos dois últimos?

– O quarto passo aborda algo sobre o qual falamos detalhadamente agora há pouco. É preciso fazer uma ligação entre os objetivos pessoais de cada funcionário e os objetivos da organização. Nas minhas empresas, fazemos isso usando o Propósito De Existir e os Cinco Grandes. Já falamos dos Cinco Grandes. O Propósito De Existir é exatamente o que parece ser: o motivo pelo qual qualquer coisa existe. Todas as minhas empresas têm um PDE claramente definido. E cada pessoa que trabalha nelas tem um PDE que está alinhado ao da empresa.

– E se não estiver?

– A pessoa não teria sido contratada se não estivesse. Da mesma forma que suas tarefas precisam satisfazer seus Cinco Grandes, o seu PDE tem de estar em sintonia com o da empresa. Caso contrário não oferecemos o emprego.

Thomas tomou um gole d'água.

– Assim, os líderes precisam se certificar regularmente de que o trabalho que seus funcionários fazem todos os dias esteja ligado ao seu PDE e às cinco coisas que mais desejam realizar antes de morrer. Quando alguém deixa de pensar "Eu trabalho para ganhar dinheiro" e passa a pensar "Eu trabalho porque adoro o que faço", ocorre uma mudança mental e motivacional significativa.

Mark olhou para o produtor, que sinalizou que restavam apenas mais alguns minutos.

– Compreendo. Thomas, você pode dar uma rápida explicação do último passo?

– É claro, Mark, isso é fácil. Este passo é especialmente importante para os líderes que você descreveu antes, os que "herdaram" a equipe. Se, por acaso, algum funcionário não se encaixar bem, tire essa pessoa da equipe imediatamente.

Mark mostrou-se surpreso.

– Fala sério?

– Falo. Nada impede mais o progresso do que alguém que se encontra na função errada ou descontente. Isso tira o ânimo do grupo e rouba tempo e energia das tarefas que se está tentando executar. Você quer bons profissionais na sua equipe. Quer gente que diga: "Eu sei o que estamos tentando fazer e acho que existe uma forma melhor de fazê-lo." Isso é fundamental para manter a equipe no caminho certo. Por outro lado, alguém que vive dizendo "A gente nunca vai chegar lá" ou que não tem interesse por seu trabalho simplesmente impede todo mundo de seguir adiante. Você precisa tirar essa pessoa da equipe ou ela vai destruí-la. Contrate alguém cujos PDE e Cinco Grandes se encaixem naquilo que a equipe estiver tentando realizar; alguém que poderá dar suporte e apoio ao empenho do grupo.

Mark fez um aceno quase imperceptível para o produtor, que avisava que o tempo estava acabando.

– Isso costuma acontecer em suas empresas, Thomas? Você ter de tirar alguém de uma equipe?

– De vez em quando. Algumas pessoas mentem durante a entrevista com o intuito de conseguir o emprego. Mas a produtividade delas demonstra imediatamente que o cargo não está alinhado com seus objetivos pessoais.

– E o que acontece, então?

– Temos uma conversa muito franca e aberta com ela. A seguir a dispensamos e a encorajamos a se candidatar a algum trabalho que realmente satisfaça seus objetivos e desejos.

– Vocês a dispensam?

– Dispensamos. Como posso falar com integridade com meus clientes, fornecedores e colaboradores sobre a importância de fazer algo que os realize se eu não criar um sistema que se baseie nisso?

– Isso parece um pouco radical, Thomas.

– Na verdade, radical seria forçar o resto do grupo a trabalhar com aquela pessoa. Há muitas oportunidades em empresas onde se pode mentir e fazer coisas com as quais não se importa. Mas não na minha companhia. A cultura dita um movimento de cima para baixo. Como líder, se houver algo de errado em uma de minhas empresas, a culpa é minha em primeiro lugar. – Thomas sorriu.

Mark retribuiu o sorriso.

– Eu sei. Vamos ter de continuar essa discussão no próximo programa, já que o nosso tempo está terminando.

Mark virou-se para a câmera, que deu um close em seu rosto enquanto ele tecia os comentários finais:

– Cobrimos muitos tópicos com nosso convidado, sr. Thomas Derale, fundador e presidente da Derale Enterprises, e ainda vem muito mais por aí. Assistam ao próximo programa, amanhã às sete da noite, com a segunda parte de série "Liderança no Século XXI". Amanhã discutiremos as práticas específicas usadas por Thomas para levar suas empresas ao topo. Eu sou Mark Whitley e você acabou de assistir a *The Business of Business*.

30

O PRODUTOR DO PROGRAMA, que estava agachado perto da câmera, se levantou, fez um sinal com a mão para Mark e Thomas e gritou:

– E... corta. Bom trabalho, senhores. Vamos fazer um intervalo de 20 minutos e depois gravar a segunda parte.

O estúdio se transformou numa usina de atividades com gente transferindo câmeras, reposicionando luzes e levando páginas de roteiro para Mark. Thomas levantou-se da cadeira e Mark lhe deu um tapinha no ombro.

– Foi ótimo, Thomas. Descanse um pouco que a gente recomeça a gravar em 20 minutos. Como eu disse quando concluímos, vamos começar a segunda parte com algumas das suas práticas, qualquer coisa que você queira compartilhar. Depois a gente vê onde isso vai dar. Você está precisando de alguma coisa?

– Não, Mark, estou bem. Obrigado.

Mark se virou e começou a falar com o produtor. Observei Thomas. Ele estava se apoiando na mesa e percebi que sentia bastante dor. Comecei a caminhar em sua direção, mas ele fez sinal para que eu ficasse onde estava, quc ele viria até mim.

– Você parece estar sentindo dor – eu disse, quando ele se aproximou.

– Muita. É estranho, durante a gravação eu estava tão concentrado, mas quando terminou a dor veio com tudo. O que você achou da entrevista?

– Excelente. O conteúdo foi bom, o timing e o andamento estavam perfeitos. Nem notei que estava sentindo dor. Você estava parecendo você mesmo – brinquei.

Ele riu.

– Vou tomar isso como um elogio.

Conversamos durante uns dez minutos sobre o conteúdo da segunda parte da entrevista e então Mark acenou para que Thomas se aproximasse. Estavam prontos para começar a gravação.

– E cinco, quatro, três, dois... – E, mais uma vez, o produtor fez o gesto indicando que o programa estava no ar.

– Olá a todos. Sejam bem-vindos à segunda parte do nosso especial sobre "Liderança no Século XXI". Eu sou Mark Whitley e nosso convidado é Thomas Derale, fundador e presidente da Derale Enterprises. Proprietário de 14 empresas altamente lucrativas e com funcionários que o amam, ele claramente alcançou o sucesso que todos almejam. No último programa, ele compartilhou conosco alguns dos segredos que o tornaram bem-sucedido do ponto de vista da relação com o seu pessoal. Hoje, vamos falar de algumas das práticas de negócios inovadoras que ele utiliza. Thomas, é bom tê-lo de volta.

– Obrigado, Mark, é sempre um prazer.

– Thomas, às vezes algumas empresas ganham status de celebridade por causa de histórias que parecem mais lendas do que realidade. Eu me lembro de ouvir um caso sobre a rede de lojas Nordstrom, conhecida por seu excepcional serviço ao consumidor, em que um gerente aceitou de um cliente a devolução de um conjunto de pneus de automóvel, apesar de a Nordstrom nem sequer vender pneus. Também já ouvi histórias parecidas sobre suas empresas. Por exemplo, ouvi dizer que, certa vez, clientes antigos recomendaram seus serviços e você recusou os novos clientes por achar que não seria capaz de proporcionar um bom atendimento. De onde surgiu essa história? Existe algum fundo de verdade nela?

Thomas sorriu.

– Em primeiro lugar, Mark, obrigado pela dica a respeito da Nordstrom. Tenho uns pneus encostados na garagem há mais de um ano e não tinha a menor ideia do que fazer com eles.

Mark gargalhou.

– Está na hora de colocá-los no carro e ir à loja!

– Mas falando sério agora, eu não sei se essa história sobre a Nordstrom é verdade ou não, mas a empresa claramente criou uma cultura na qual os líderes se concentram em oferecer aos clientes uma ótima experiência. Verdadeira ou não, essa história demonstra o real espírito da rede. Com relação às minhas empresas, temos uma visão clara de como queremos que seja a experiência dos nossos clientes. Nossa filosofia é fazer com que cada novo cliente tenha a mesma experiência excelente de quem o recomendou para nós. E, de fato, já houve momentos em que, devido a limitações de pessoal, de recursos ou de algum dos nossos parceiros, percebemos que não seríamos capazes de honrar essa filosofia. Em situações assim, recusamos o cliente.

Mark assentiu.

– E como você explica isso ao cliente?

– Explicamos nossa filosofia e o motivo pelo qual não conseguiríamos honrá-la se os aceitássemos como clientes. Então informamos quanto tempo levaríamos até poder oferecer um serviço satisfatório para eles e para nós mesmos. Acho que na primeira vez que isso aconteceu, o tempo era de seis semanas. Estávamos nos mudando para um espaço maior e precisávamos arrumar as coisas, colocar tudo para funcionar. Além disso, havíamos contratado profissionais novos que ainda não tinham sido suficientemente treinados. No meio disso tudo, quatro clientes apareceram querendo nos contratar.

– E aí vocês perderam os quatro por causa da sua decisão? – Mark perguntou.

– Não, na verdade três desses possíveis clientes disseram que, se pudéssemos garantir que estaríamos prontos em seis semanas, eles esperariam. Então nos preparamos. Elaboramos os contratos, terminamos tudo o que tínhamos de fazer e os aceitamos.

– E o quarto?

– Procurou outra empresa. Eu adoraria dizer que depois essa empresa se tornou nossa cliente, mas isso não aconteceu. Embora eu e meu pessoal não gostemos de perder parceiros em potencial, a verdade é que a perda teria sido muito maior se os tivéssemos aceitado e não cumprido o prometido.

– Por quê?

– Ora, Mark, como empresa e também como líder, é possível se destacar na mente das pessoas apenas afirmando o que você faz e, depois, fazendo. Para nós, essa é a definição mínima de sucesso. A maioria das empresas não chega nem perto disso. Isso lhes causa problemas, porque não dá para manter a credibilidade se às vezes você cumpre o que promete e às vezes, não. Qual é mesmo aquela famosa frase do filme *Guerra nas estrelas*? O mestre Yoda diz a um jovem aprendiz algo do tipo: "Não existe o tentar. Ou se faz uma coisa ou não se faz, mas não existe tentar." Bem, do nosso ponto de vista, se não pudermos fazer aquilo que prometemos, não fazemos a promessa. Ou fazemos ou não fazemos, mas não tentamos.

Mark assentiu com a cabeça.

– Há grande verdade no que você acaba de dizer, Thomas. Ouvimos inúmeras histórias de clientes insatisfeitos, recebendo serviços de baixa qualidade ou produtos com defeito.

– Tem razão. Não queremos nosso nome associado a esse tipo de problema. Talvez a curto prazo seja possível aumentar os lucros dessa forma, mas é uma péssima estratégia a longo prazo. Você perde a confiança dos clientes e sua fonte acaba secando. Bons profissionais não querem trabalhar em empresas que não cumprem seus compromissos. Então eles se demitem, e os custos da empresa com contratação e recrutamento sobem de maneira estratosférica. Além disso, a produtividade cai porque a firma tem um monte de funcionários novos e não consegue atrair os melhores profissionais.

– Então por que as companhias fazem isso, Thomas?

– Acho que a maioria das pessoas tem experiências abaixo do padrão e começa a acreditar que isso é normal e aceitável. Então, quando essas mesmas pessoas são postas em posição de liderança, apresentam o mesmo desempenho insatisfatório. Ou porque pensam que baixa qualidade é o bastante ou porque não sabem produzir nada melhor.

Thomas parou para tomar fôlego e prosseguiu:

– Imagine o seguinte, Mark: suponhamos que você fosse espanhol e estivesse tentando aprender inglês. Você entra numa sala com mil falantes de inglês. Novecentos e noventa são dos Estados Unidos e dez são da Austrália. Qual é a probabilidade de você começar a conversar com alguém da Austrália?

– Não muito alta.

– Exatamente. Então, depois de conversar com um monte de gente ao longo da noite, sua impressão de como falar inglês será baseada em como essa língua é falada nos Estados Unidos. Na verdade, se alguém com sotaque australiano tentasse ensiná-lo a falar inglês, você provavelmente acharia que estava errado. Concorda?

– Acho que sim, mas aonde você quer chegar com isso, Thomas?

– Acredito que o mesmo acontece com relação às pessoas e à liderança. Elas veem como a maioria lidera e, então, imitam. Partem do princípio de que, como tantos líderes parecem estar fazendo as coisas de maneira parecida, devem estar certos. Infelizmente, grande parte das experiências vividas pelos clientes é insatisfatória, e isso é resultado direto da liderança. Então você acaba com um número ainda maior de gente fazendo um péssimo trabalho como líder, resultando em um número ainda maior de interações de baixa qualidade com clientes. E isso se torna um círculo vicioso.

Thomas parou novamente. Tomou fôlego e depois prosseguiu.

– Vez ou outra a gente encontra uma pessoa ou uma empresa que percebe isso, como a Nordstrom, a Starbucks, a Southwest Airlines e a American Express. Elas não fazem as coisas como todo mundo está fazendo. Por algum motivo, essas companhias conseguiram romper com esses padrões.

– E por que você acha que isso acontece?

– Acredito que seja por causa dos líderes à frente delas. Tudo começa com um pequeno grupo de pessoas que fundam a empresa em torno do seu próprio Propósito De Existir. É algo que lhes interessa, que lhes dá ânimo e entusiasmo, algo que lhes dá um sentido de realização. Provavelmente faz parte dos seus Cinco Grandes, mesmo que nunca tenham ouvido falar disso. Então, a empresa cresce e atrai líderes com ideias originais, que escutam os clientes, são apaixonados pelo que fazem e gostam de fazê-lo bem. Por tudo isso, os clientes os elogiam, os funcionários adoram fazer parte da equipe e, assim, as empresas obtêm grandes lucros.

Mark ergueu a mão.

– Thomas, você costuma estudar o que acontece em empresas que não alcançam o sucesso?

– Como você já me ouviu dizer muitas vezes, a liderança acontece de cima para baixo. Se uma empresa não é bem-sucedida, o responsável é o líder. Eu posso soar radical quando digo isto, mas não invisto o meu tempo em gente ou em empresas que não falam a linguagem do sucesso. Se for concentrar-se em um, concentre-se no correto.

– Como assim, concentrar-se em um?

– Se sua vida dependesse de aprender uma determinada lição, você procuraria aprendê-la com pessoas que de fato a aprenderam ou com aquelas que tentaram, mas não conseguiram?

– Com aquelas que conseguiram, é claro – respondeu Mark.

– Isso é se concentrar em um, Mark. Temos tempo e energia limitados, então por que nos concentrar naquilo que está errado? Entramos neste assunto porque você perguntou por que outras empresas tomam a decisão de adotar uma estratégia que está fadada ao fracasso. Por que não conseguem satisfazer as expectativas dos clientes? Eu não sei. Eu nunca estudo essas empresas. Estudo aquelas que superam, e muito, as expectativas dos clientes.

Mark ergueu a mão outra vez.

– Você está sugerindo que outros líderes não fazem isso?

– Eu não estou sugerindo isso. Eu sei disso. Fui dar uma palestra numa conferência sobre atendimento ao cliente no início deste ano e encontrei alguns dos idealizadores do evento falando sobre as principais queixas que a plateia tinha sobre os palestrantes convidados. A reclamação mais comum era que todos estavam fartos de ouvir falar da Starbucks e da Southwest Airlines. Bem, eu compreendo que uma plateia talvez se canse de ficar ouvindo as maravilhas realizadas por essas duas empresas. Mas, se fosse esse o problema, pediriam aos palestrantes que dessem informações mais específicas, mais detalhadas. Mas não era esse o caso. A plateia queria saber sobre outras empresas. Essa não é a minha abordagem, Mark, tampouco a dos meus líderes. A vida ou a morte de uma empresa depende de saber como obter sucesso. Por isso, nos concentramos no que está dando certo.

Mark assentiu com a cabeça enquanto Thomas finalizava sua explicação. O apresentador pegou algumas das folhas de papel que se encontravam à sua frente.

– Thomas, há alguns anos, quando você veio ao programa, ofereceu aos telespectadores algumas ideias rápidas sobre como melhorar o desempenho de suas empresas. Eu gostaria de passar a última parte do programa de hoje fazendo uma coisa parecida, só que colocando o foco na liderança. Que sugestões você pode dar àqueles que estão nos assistindo esta noite para que se tornem líderes melhores?

– Bem, para começar, a gente ouve líderes dizerem que adotam uma política de "portas abertas", mas isso não é o suficiente. Não basta abrir as portas, é preciso convidar as pessoas a entrarem. Tenho um grande amigo que foi chamado para trabalhar na American Express. Um ano depois, ele estava enfrentando sérios problemas pessoais, então informou aos seus superiores que precisava se demitir. No mesmo dia, a vice-presidente o convidou para almoçar e disse que não gostaria que ele se demitisse. Ela acabou conseguindo que ele tirasse seis semanas de licença para se afastar e esfriar a cabeça. Essa líder foi até ele e o convidou para entrar, e isso fez toda a diferença. Ele jamais se esquecerá desse gesto dela, e isso afeta tudo o que ele faz pela empresa.

Thomas limpou a garganta e fez outra pequena pausa, iniciando uma nova história.

– Todos os anos, desde que fundei minha primeira empresa, eu e os outros líderes reservamos algum tempo durante o período mais tranquilo nos negócios para reconhecer as tarefas mais maçantes e demoradas que realizamos. Nós as identificamos, mensuramos e, então, buscamos uma forma de nos livrar delas ou de melhor executá-las.

– Interessante – comentou Mark.

– Um líder pode causar impacto nos lucros de uma firma de duas formas. Ou ele aumenta a receita ou diminui os custos. Essa prática que adotamos ajuda a reduzir custos e, ao mesmo tempo, melhora a disposição da equipe, já que eliminamos as partes menos agradáveis de suas tarefas. É como fazer uma faxina anual para se livrar dos excessos, o que nos proporciona ótimos resultados.

Mark sorriu.

– Gostei disso. E que tal nos dar mais algumas ideias, Thomas?

– Está bem. Isto se aplica a todos os líderes, mas especialmente àqueles que lidam com clientes. Com alguma regularidade, coloque-se no lugar dos seus clientes e veja como é interagir com sua própria empresa. Deixe-me dar dois exemplos. Minha esposa e eu passamos férias fantásticas em Bali. Quando estávamos no aeroporto para voltar para casa, foi cobrada uma taxa de saída de quase 70 dólares por pessoa. Ninguém nos avisou que teríamos de pagar taxa de saída, então havíamos gastado cada dólar balinês que tínhamos.

Mark parecia espantado com a história. Thomas prosseguiu:

– Acabamos conseguindo trocar os dólares americanos a uma taxa de câmbio absurda, mas o que mais me impressionou nessa história toda foi a falta de visão do líder que criou essa taxa. Por que alguém inventaria uma coisa que faria com que a última impressão de seu cliente fosse negativa? Se cobrassem a entrada, talvez as pessoas reclamassem, mas, depois de passar férias num lugar tão fantástico, acabariam esquecendo que tiveram de desembolsar esse dinheiro. Mas, da forma que está sendo feito, essa taxa é a última coisa da qual se lembram. Nada inteligente.

– Tem toda razão – disse Mark.

– O outro exemplo é algo que descobri recentemente. Algumas empresas aéreas começaram a cobrar uma taxa de 10 dólares, até mesmo quando o próprio cliente faz o check-in pela internet.

Mark riu.

– Estão cobrando uma taxa para quem faz o check-in on-line?

Thomas assentiu.

– Pois é. Isso é completamente ilógico, mas tem acontecido. O objetivo das companhias aéreas é transportar passageiros, aí elas cobram do passageiro uma taxa extra quando ele faz o trabalho que a empresa deveria ter feito.

– Inacreditável!

– É responsabilidade de um líder olhar para esse tipo de medida e checar se irá gerar algum mal-estar entre os clientes, ou se simplesmente não faz sentido. Se você quer faturar 10 dólares mais, aumente o preço da passagem.

Enquanto Thomas terminava de falar, o produtor fez um sinal para Mark indicando que restavam cinco minutos.

Mark assentiu discretamente para o produtor e virou-se para Thomas.

– Ainda temos mais cinco minutos. Você tem mais uma ou duas sugestões rápidas para os telespectadores que desejam se tornar líderes melhores?

– O medo leva ao fracasso e a coragem leva ao sucesso. Se eu faço algo fantástico na minha empresa, sou apenas um líder fazendo algo fantástico. Se tenho dúzias ou centenas de líderes fazendo coisas fantásticas, isso é muito mais do que eu jamais poderia fazer sozinho. Ensino tudo o que sei para o meu pessoal e os encorajo a serem destemidos. Eles vão fracassar de vez em quando? É claro que vão, e tudo bem. Quando você se força a ir além da mediocridade e buscar a grandeza, tropeça de vez em quando. Aqueles que são bem-sucedidos compreendem isso. Também compreendem que cair só se torna um problema se você não se levantar outra vez. Em essência, o medo é produto da falta de experiência ou da falta de conhecimento. Quando não falta nenhum dos dois, o medo desaparece. Infelizmente, muitos líderes guardam para si o conhecimento e as oportunidades, e sua equipe acaba não adquirindo a experiência que deveria.

– E por que fazem isso? – indagou Mark.

– Na maioria das vezes, por uma questão de ego e insegurança. Alguns gostam da sensação de poder, de ser a referência, aquele que tem todas as respostas. Sentem-se importantes quando todo mundo tem de procurá-los para conseguir fazer alguma coisa. E, se isso os deixa felizes, por mim, tudo bem. Mas trata-se de uma forma incrivelmente ineficiente de liderar. Os líderes realmente bem-sucedidos ficam entusiasmados ao ver os outros crescendo e aprendendo a fazer o que precisa ser feito por conta própria.

– Você pode dar um exemplo para entendermos melhor? – sugeriu o apresentador.

– Claro. Pense da seguinte forma: você quer que seus filhos aprendam a circular pela cidade de metrô. É mais eficaz comprar o bilhete para eles e indicar que trem pegar e em qual parada saltar ou deixá-los fazer isso sozinhos?

Mark achou graça.

– Como um pai que criou dois filhos em Nova York, posso dizer por experiência própria que é bem mais eficaz ensinar do que acompanhá-los a cada lugar que quiserem ir.

– E como você fez isso? – Thomas quis saber.

Mark deu de ombros.

– Na verdade, foi bastante fácil. Eu os ensinei a comprar os bilhetes e a identificar no mapa onde estavam e onde deveriam saltar. Eu até deixei que passassem da nossa parada para que aprendessem a voltar caso isso acontecesse quando eles estivessem sozinhos. Meu objetivo era deixá-los cometer erros enquanto eu estava com eles, de maneira que eu soubesse que conseguiriam se virar quando estivessem sozinhos.

– Exatamente – respondeu Thomas. – E o impacto disso vai

bem além do metrô. Você construiu um alicerce para que sejam bem-sucedidos e, por causa disso, eles podem crescer por conta própria. Da mesma forma que você ajudou seus filhos a se tornarem indivíduos fortes e confiantes, um grande líder ajuda os membros de sua equipe a se tornarem líderes fortes e confiantes.

O produtor mostrou três dedos para Mark.

– Thomas, temos tempo para mais uma dica rápida. O que mais você pode nos dizer?

Thomas sorriu.

– Liderem como Tiger Woods joga golfe.

Mark soltou uma gargalhada.

– Como?

– Eu me lembro de ter lido que, aos 3 anos, Tiger Woods acertou seu primeiro *par*. Quando tinha 5 ou 6, já acertava a bola melhor do que a maioria dos adultos jamais conseguiria. Não porque batia com mais força, e sim com mais inteligência.

– Ainda não estamos entendendo, Thomas – brincou Mark.

– Desde o primeiro dia da fundação da minha empresa, venho insistindo em que o segredo do sucesso não é trabalhar mais, e sim com mais inteligência e eficiência. Eu não quero que meu pessoal trabalhe até tarde toda noite porque essa é a única forma de fazer o que precisa ser feito. Se as pessoas gostam do que estão fazendo e sentem vontade de ficar além do expediente vez por outra, tudo bem. Mas de maneira alguma quero que estejam lá simplesmente porque de outra forma não conseguirão executar todas as suas tarefas. Grandes líderes lideram da mesma maneira que Tiger Woods aprendeu a jogar. Não trabalhando mais tempo. Trabalhando com mais inteligência, de forma que você consiga os melhores resultados com o mínimo de esforço.

Mark sorriu.

– Outro excelente exemplo, Thomas, e mais um grande programa. Eu sei que o conteúdo que você compartilhou hoje trará um grande bem para muitos líderes. – Mark se virou para a câmera. – Você acaba de assistir à segunda parte do especial "Liderança no Século XXI". Junte-se a nós...

31

QUANDO VOLTAMOS DO ESTÚDIO, Maggie estava em casa para nos receber. Ela envolveu Thomas nos braços e lhe deu um longo beijo.

– Como vai meu marido-celebridade?

Ele a puxou para si e ela encostou a cabeça em seu peito. Ficaram assim por um bom tempo, até que ele deu um beijo na cabeça dela e disse carinhosamente:

– Eu te amo.

Ela apertou-o ainda mais no abraço.

– Eu também te amo – disse ela.

Após alguns momentos, Maggie afastou a cabeça do peito de Thomas, ergueu a vista para olhá-lo e sorriu.

– E então, como foi hoje?

Thomas retribuiu o sorriso.

– É melhor perguntar ao Joe. Ele assistiu da plateia.

– Foi ótimo, Maggie – opinei. – Thomas ficou bem à vontade.

– Quando a entrevista vai ao ar? – ela quis saber.

Thomas deixou a bengala de lado e sentou-se na cadeira mais próxima.

– Gravamos dois programas. Um será exibido hoje à noite e o outro, amanhã. Vão me telefonar depois para dizer quando iremos gravar o terceiro. Deve ser depois de amanhã, só não sei exatamente a hora.

THOMAS, MAGGIE E EU chegamos ao estúdio às 18h30. Era a noite seguinte à exibição da segunda parte da entrevista. Mark havia telefonado para Thomas depois que o segundo programa fora ao ar e lhe contou que a reação do público havia sido tão boa que queriam fazer o terceiro ao vivo, direto do estúdio de Chicago. Seria a primeira vez que fariam um programa ao vivo fora do estúdio onde gravavam normalmente, em Nova York.

– Está pronto, Thomas? – perguntou Mark assim que entramos no set.

– Quando você estiver – respondeu Thomas. Ele apresentou Mark a Maggie e depois ela e eu fomos nos sentar.

As equipes de maquiagem e som trabalharam com Thomas durante alguns minutos, preparando-o para o programa. Às 18h57, todos saíram do set, deixando Mark e Thomas na frente das câmeras.

Mark sorriu para Thomas quando o produtor gritou: "Entramos no ar em dois minutos."

– Vai ser igualzinho ao outro dia, Thomas. Só que desta vez milhões de pessoas estarão assistindo ao vivo.

Thomas retribuiu o sorriso.

– Não se preocupe, Mark, eu dou cobertura se você esquecer alguma coisa.

Mark riu e dali a um minuto o produtor começou a contagem regressiva:

– Cinco, quatro, três, dois... – E estavam no ar.

– Boa noite, senhoras e senhores, sejam bem-vindos a *The Business of Business*. Eu sou Mark Whitley e esta é a terceira parte da nossa série "Liderança no Século XXI". Meu convidado, mais uma vez, é o fundador e presidente da Derale Enterprises, sr. Thomas Derale. Vocês terão um raro prazer esta noite. Normalmente, quando fazemos entrevistas fora do estúdio central, gravamos o programa e televisionamos no mesmo dia, mas, por causa da reação impressionante dos telespectadores aos dois primeiros programas, decidimos exibir o terceiro ao vivo direto dos nossos estúdios associados em Chicago.

Mark cumprimentou Thomas e, em seguida, fez um resumo do que haviam conversado nos dois programas anteriores.

– Thomas, eu gostaria de mudar um pouco o foco na entrevista desta noite. Muita gente fala sobre momentos decisivos, aqueles em que alguma coisa acontece e muda completamente sua trajetória. Você poderia compartilhar conosco alguns de seus momentos decisivos e contar como eles moldaram sua maneira de ver a liderança?

Thomas fez uma pausa de alguns segundos.

– Claro. Lembro-me de um deles, quando eu era ainda bem jovem. Eu tinha feito faculdade e treinado para ser piloto comercial, mas me machuquei e não pude mais voar. Então aos 22 anos me candidatei a um emprego numa universidade. Durante o processo de seleção, conheci Walter, o sujeito que seria meu chefe. Conversamos durante uma hora, e ele me pareceu uma pessoa bastante normal. Fui contratado e, alguns meses mais tarde, descobri que ele era um egomaníaco, obcecado por controle, um manipulador que administrava usando o medo.

– Devia ser uma delícia tê-lo como chefe – comentou Mark, brincando.

– Exatamente. Ele supervisionava mais de 100 funcionários e vivia repreendendo e humilhando a todos. Além disso, fazia comentários grosseiros para as mulheres. Toda semana, ele fazia uma escala indicando quando as pessoas podiam almoçar e fazer intervalos. Depois, passava a maior parte do dia se certificando de que as pessoas cumpriam os horários estabelecidos. Certa vez, ele entrou na sala que eu compartilhava com dois colegas e começou a gritar porque havíamos enviado um relatório apenas com o nome do departamento e não o dele.

– Vocês se esqueceram de colocar o nome dele? – perguntou Mark, tentando entender a reação do ex-chefe de Thomas.

– Não. Costumávamos preparar centenas de documentos apenas com o nome do departamento, mas ele queria seu nome naquele, em especial. Ao que parecia, estava tentando impressionar a pessoa que pedira aquele relatório. Essa não foi a primeira vez que teve uma reação assim, mas foi a mais agressiva. O ataque não foi só injusto e ridículo, foi pessoal. Então decidi dar um basta naquela situação. Telefonei para o chefe de recursos humanos e pedi que me transferisse para outro departamento. Na mesma tarde, fui até a sala dele na hora do almoço...

– Na hora que o seu chefe havia estabelecido para você – interrompeu Mark.

– É claro. Então fui até lá e expliquei o que estava acontecendo. Pedi que ele mantivesse nossa conversa em segredo, pois sabia que Walter teria outro ataque de fúria se soubesse que eu estava saindo por causa do seu comportamento. O chefe do RH me garantiu que manteria sigilo e que veria o que poderia fazer em relação ao meu pedido. Agradeci e fui caminhando pelo campus até a minha sala. Quando cheguei, 20 minutos depois, havia um bilhete de Walter sobre a minha mesa: "Preciso vê-lo imediatamente!" Que confidencialidade que nada! O sujeito com o qual eu conversara telefonou para meu chefe assim que saí da sua sala. Walter deu outro ataque e insistiu em saber exatamente o que eu havia falado.

Mark balançou a cabeça, assombrado.

– E o que foi que aconteceu, por fim?

– Consegui uma transferência, mas deixei a universidade logo depois. Foi uma experiência horrível, mas ao mesmo tempo me ajudou muito, pois aos 22 anos descobri o que é uma liderança ruim. Aprendi que de nada adianta trabalhar para um péssimo líder. Eles não valorizam funcionários de qualidade. Pelo contrário, sentem-se intimidados por eles. Como alguém pode crescer e ser promovido num ambiente assim?

– Difícil imaginar – respondeu Mark.

– Também percebi que líderes ruins prejudicam a lucratividade da empresa. Devido ao comportamento de Walter, o departamento no qual eu trabalhava vivia perdendo funcionários e tendo de contratar novos. Bons profissionais não trabalham para líderes como ele, então ou você acaba com um grupo de recém-contratados talentosos que pedem demissão rapidamente ou com funcionários medíocres que fazem um trabalho medíocre. Qualquer que seja o caso, isso resulta em baixa produtividade, o que é péssimo para os lucros. A experiência com Walter também me ensinou que valer-se do medo é uma forma ineficaz de liderar. Pode até gerar resultados a curto prazo, mas, como já mencionei, gente talentosa não fica muito tempo nesse tipo de ambiente e pessoas que vivem com medo de errar se tornam completamente ineficazes. No final, elas têm tanto medo de tomar a decisão errada que não tomam decisão nenhuma, ou então ficam tão assustadas que o medo nubla seu julgamento e cometem mais erros ainda.

Mark balançou a cabeça.

– Thomas, foi uma história impressionante. Você quer ir mais a fundo nela ou tem outros momentos decisivos que gostaria de compartilhar?

– Eu poderia ir mais a fundo, Mark, até mesmo falando de como isso me ensinou a importância de ter gente qualificada liderando o departamento de recursos humanos, mas vamos em frente. Essa experiência, de certa maneira, me ensinou o que não fazer e como não liderar. A história que vou contar agora me causou grande impacto, pois me ensinou a importância de um líder de verdade.

– O.k., então vamos a ela.

– Eu já administrava minha própria empresa há alguns anos e buscava uma forma de explicar o que eu chamo de efeito-onda da liderança...

– Efeito-onda? – Mark interrompeu.

– Isso, quando um evento leva a outro, que leva a outro, e assim por diante, todos tendo início com um único evento.

– É um pouco como a velha analogia de que se uma borboleta bater as asas em um lugar, haverá um tufão em outro – sugeriu Mark.

Thomas fez que sim.

– Exatamente. Eu buscava um exemplo de quanto o impacto de alguém que satisfaz seu Propósito De Existir e seus Cinco Grandes é poderoso. O mais interessante é que eu encontrei a resposta num programa da Oprah Winfrey.

– Está falando sério?

– Estou. – Thomas olhou para onde Maggie e eu estávamos sentados, perto das câmeras, e sorriu para ela. – Tenho sorte de minha esposa ser fã da Oprah há muito tempo e de gravar o programa de vez em quando. Ela sabia que eu andava buscando um exemplo desse efeito-onda, então, depois de assistir a um determinado episódio, me disse que "eu precisava ver aquilo". E não é que ela tinha razão?

Mark estava sorrindo.

– Você aguçou meu interesse, Thomas. O que aconteceu de tão especial no programa?

– A convidada de Oprah era a cantora Diana Ross. Durante a entrevista, Oprah contou que quando era criança tinha visto Diana cantando na televisão e que aquilo mudou sua vida. Disse que se lembrava de olhar para a cantora na TV e pensar: "Eu quero ser assim." Enquanto eu via aquela cena, me dei conta de que, se Diana Ross não tivesse seguido sua paixão e satisfeito o que eu imagino ser seu PDE, talvez Oprah jamais tivesse tido aquele momento de inspiração. Talvez nunca tivesse visto nela mesma todo seu potencial. E talvez não tivesse perseguido uma carreira na televisão. E se isso tivesse deixado de acontecer, milhões de pessoas não teriam sido inspiradas por ela. E se você recuar um pouco, vai se perguntar: quem inspirou Diana Ross a acreditar em si mesma? Sem essa pessoa, talvez Diana Ross jamais tivesse ido à televisão e Oprah jamais a teria visto. Então, de alguma maneira, quem inspirou Diana Ross também é, em parte, responsável por permitir que milhões e milhões de pessoas sejam inspiradas pela Oprah.

– Então isso é o efeito-onda? – perguntou Mark.

– Sim. O que tento transmitir às pessoas que trabalham comigo é que, quando tomam a decisão de se tornarem grandes líderes, o impacto de suas ações se estende para muito além do que imaginam. Elas não serão modelos apenas para quem está à sua volta: suas ações terão o potencial de atingir as pessoas de maneira positiva por gerações. A partir daí, um líder passa a enxergar o verdadeiro objetivo de suas ações. Acredito que essa percepção tenha inspirado muitos dos profissionais que trabalharam comigo a buscar a grandeza em vez da mediocridade.

Mark concordou com a cabeça.

– Mais uma história marcante, Thomas. O que mais me chama atenção é que, por essa lógica, um líder tem a oportunidade de causar um impacto positivo, mas, se sua liderança for ruim, os efeitos de seus atos também poderão ter uma baita repercussão negativa.

– Sem dúvida, Mark. É o que sempre digo às pessoas.

– Tem mais alguma boa história para nos contar? – perguntou Mark, encerrando a discussão.

Thomas fez que sim.

– Tenho. A história que vou compartilhar com vocês aconteceu num momento crítico da minha vida. Nós acabamos de falar sobre o efeito-onda, e eu duvido que o homem que me ensinou essa lição saiba que tocou a vida de tanta gente. Eu transmiti esse ensinamento para cada pessoa que já trabalhou comigo e sei que a lição flui em cascatas desde então.

– Já estamos ficando curiosos – brincou Mark.

– A essência é bastante simples. Esse homem me fez uma única pergunta: "Você gostaria de viver mais quatro vidas?"

Mark olhou para Thomas curioso.

– Mais quatro vidas?

– Isso. Foi o que ele me perguntou. E, da mesma forma que você, eu fiquei bastante confuso. Então ele me explicou tudo: a maioria das pessoas passa cerca de 10 horas por dia, cinco dias por semana, num emprego fazendo coisas que, se não fosse paga para fazer, não faria. Quando chega em casa, tem aproximadamente duas horas e meia para se dedicar àquilo que *de fato* gosta de fazer.

Thomas fez uma pequena pausa.

– Aquele homem me falou: "Imagine se você se tornar um líder capaz de criar um lugar onde as pessoas são pagas para fazer aquilo de que gostam. Um lugar ao qual as pessoas tenham orgulho de pertencer. Um lugar onde, todos os dias, elas sintam que seu empenho teve significado e importância. Bem, em vez de viver uma única vida com mais ou menos 12 horas e meia de significado a cada semana, as 50 horas que passarem no trabalho também terão significado. Então passarão a viver quatro vidas a mais."

– É um conceito interessante.

– Interessante e eficaz. Como já mencionei anteriormente, só contratamos para nossas empresas profissionais cujo PDE esteja alinhado com o da organização e quando suas tarefas diárias satisfazem seus desejos. Quem trabalha comigo não recebe apenas um contracheque, Mark. Recebe um contracheque, progride em direção aos seus maiores objetivos e ganha quatro vidas sobressalentes.

Mark riu.

– É difícil abrir mão disso, Thomas. E o que você ganha em troca?

– Duvido que você fique surpreso com o que vou dizer, Mark, mas, quando você proporciona tudo isso às pessoas, elas *fazem mais* e se empenham mais por você do que jamais poderia imaginar. Assim, conseguimos excelentes resultados. Como o PDE da minha empresa se baseia no meu próprio PDE, esses resultados significam que meus objetivos pessoais estão sendo realizados.

Mark concordou com a cabeça.

– Muito bom, Thomas. Gostaria de contar mais alguma história que tenha sido decisiva para você se tornar quem é?

– Eu me recordo de uma das primeiras conferências em que me convidaram para participar como palestrante. Eu expliquei os conceitos do Propósito De Existir e dos Cinco Grandes e falei de que forma os colocava em prática. Mais tarde, um grande amigo que estava no evento se aproximou de mim e comentou que adorava minhas técnicas, mas que jamais conseguiria compartilhá-las com seus funcionários porque tinha medo de que todos fossem embora.

Mark sorriu.

– Imagino que os telespectadores estejam se perguntando a mesma coisa, Thomas: o que você fez?

– Bem, Mark, me lembro de ter pensado: o pessoal dele já se foi. Se estavam a ponto de sair da empresa, imagine quão improdutivos eles eram todos os dias. E se estavam tão infelizes assim, como estariam tratando os clientes? A firma dele vinha crescendo lentamente durante a última década e era rentável. Mas, com esse tipo de ambiente, ele devia estar desperdiçando grande parte do lucro que poderia obter. Essa conversa me deixou triste porque ele era uma pessoa inteligente, um cara bacana. Não é que ele não desejasse que seus funcionários fossem felizes nem que não quisesse ter lucro com a empresa. Mas precisei mostrar a ele como estava em falta consigo mesmo e com sua equipe. Então o desafiei a pensar em qual seria o PDE de sua empresa.

Thomas parou para tomar um pouco de ar.

– Se a resposta fosse simplesmente ganhar dinheiro ou qualquer outra coisa, tudo bem. Mas, independentemente de qual fosse o motivo, ele precisava descobrir, pois seu pessoal queria saber, seus clientes também queriam, bem como todo mundo que interagia com a empresa. E até que isso acontecesse, ele estaria realizando apenas uma fração do verdadeiro potencial da firma. Ou seja, obtendo somente uma parte do lucro que a empresa poderia gerar.

Mark olhou para Thomas:

– E o que foi que aconteceu?

– Nada.

– Nada?

– Ele nunca parou para pensar no assunto. A maioria das pessoas nem tenta.

– Mas por quê? Você disse que ele era seu amigo. Ele obviamente conhece seu histórico. Além do mais, se é o dono da empresa, tem muito a ganhar. Qualquer um imaginaria que ele iria no mínimo analisar a ideia, já que significaria um lucro maior. Por que ele não fez isso?

– Por que os cartazes de "Lave as mãos após usar o banheiro" estão colados nos espelhos, Mark?

– Como?

– Quando você vai ao banheiro de um restaurante, por exemplo, encontra cartazes dizendo: "Lave as mãos após usar o banheiro."

Mark riu.

– Sempre achei que isso fosse óbvio.

– Eu também, mas essa não é a questão. A questão é: onde ficam esses cartazes? Na maioria das vezes estão no espelho, acima da pia. Ora, se você está na frente da pia olhando para o espelho, é provável que já esteja lavando as mãos. Tudo bem ter um lembrete ali, mas não seria mais eficaz afixar os avisos acima dos mictórios, atrás da porta dos cubículos e perto da maçaneta da porta de saída? Mas não é lá que estão, Mark. Por quê?

Mark deu uma gargalhada dessa vez.

– Eu não sei, Thomas. Explique para nós.

– Pelo mesmo motivo que meu amigo jamais parou para pensar no PDE da empresa dele. A maioria das pessoas simplesmente faz o que vê todo mundo fazer. Lidera como todo mundo lidera; administra empresas como todo mundo administra; e coloca as placas do banheiro no mesmo local em que todo mundo coloca. Não por ser a forma mais eficaz ou lucrativa, mas porque é mais fácil seguir a maioria do que pensar em por que se está fazendo dessa forma. E, definitivamente, é mais fácil imitar do que inovar.

32

MARK E THOMAS DISCUTIRAM outros dois conceitos breves e, então, vi o produtor fazer o sinal de que restavam apenas alguns minutos.

– Thomas, foi um prazer tê-lo aqui durante esses três programas. Temos poucos minutos. Existe algum último conceito ou história que gostaria de deixar para os nossos telespectadores?

Thomas levou alguns instantes antes de responder.

– Sim, Mark. Vou compartilhar com você um dos maiores segredos da vida, que também é um dos maiores segredos da liderança. E depois fecho com uma história.

Mark concordou.

– Está certo, Thomas. Qual é o segredo?

Thomas pegou uma folha de papel, fez um pequeno diagrama e mostrou para a câmera.

– Esta é a maneira como a maioria das pessoas leva a vida. No eixo *x* temos o tempo e no eixo *y*, o grau de satisfação com a vida. E essas curvas, que parecem morros e vales, representam sua vida. Ao longo de sua trajetória, as pessoas têm altos e baixos. Mas, em geral, esses altos e baixos sempre mantêm a mesma variação. Apenas oscilam entre esses dois pontos.

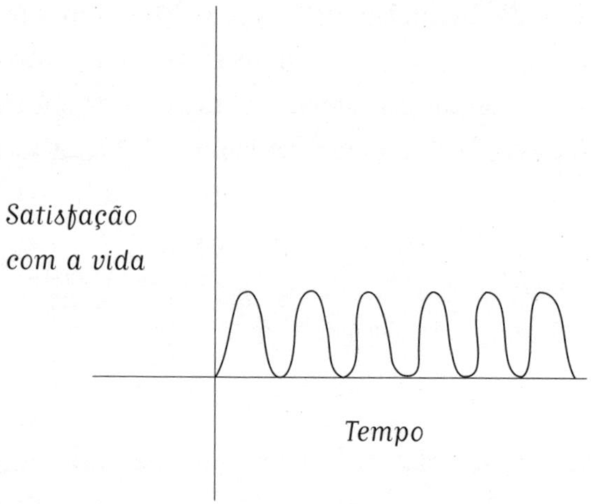

– O segredo da vida, Mark, é ter um gráfico que não apenas se estenda através do tempo mas que também ascenda. Eu o chamo de curva de vida ascendente. E é assim – mais uma vez, Thomas fez um pequeno diagrama e o mostrou para a câmera.

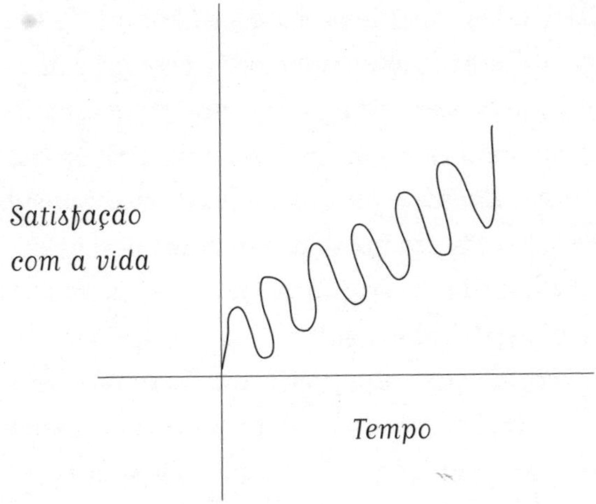

Depois que a câmera deu um close no gráfico, Thomas voltou a falar.

– À medida que o tempo passa, a vida da pessoa representada por este gráfico enfrenta oscilações, mas continua a atingir pontos mais altos. Todo mundo tem seus momentos de dificuldade, Mark, mesmo quando se está trilhando o caminho certo. Mas a questão é que quando você vive numa curva ascendente, em algum momento seus baixos ficam mais altos do que seus altos costumavam ser. E a forma de se fazer isso é muito simples. Quanto mais momentos do seu dia você passar fazendo coisas que satisfaçam seu Propósito De Existir e seus Cinco Grandes, mais sua curva da vida irá ascender.

Thomas bateu de leve nos diagramas que acabava de explicar.

– Ser um líder bem-sucedido é fácil. Você só precisa conhecer esse segredo e aplicá-lo. Leve para sua empresa pessoas cujo PDE esteja alinhado com o da organização. Coloque-as em posições em que possam satisfazer seus Cinco Grandes simplesmente realizando um trabalho que a empresa precisa que seja feito todos os dias. Ensine-as a fazer o mesmo pelas suas equipes.

Quando você faz isso, está ajudando as curvas de vida das pessoas a ascenderem. E, enquanto isso, elas ajudam a curva da organização a ascender também. Assim como uma pessoa, uma empresa também possui sua curva de vida. Para mim, quando as curvas da organização e de seus integrantes estão subindo, significa que existe um grande líder por trás disso.

Thomas olhou direto para a câmera. Fez uma breve pausa e sua voz encheu-se de emoção:

– Mark, como você e aqueles que são próximos de mim sabem... eu estou morrendo. – Thomas ficou em silêncio outra vez. – Bem, na verdade, todos estamos, eu apenas me encontro numa posição em que posso saber mais ou menos quanto tempo ainda tenho... e é muito pouco. Há muitos anos, aconteceu uma coisa que me fez ser quem eu sou. Ela influenciou minha maneira de liderar e de inspirar os outros a liderarem também. Por causa disso, estou tranquilo com o fato de a minha vida estar chegando ao fim. Se você não se importar, é com essa história que eu gostaria de finalizar essa entrevista.

Olhei para Mark. Ele parecia um pouco surpreso. Acho que o rumo que Thomas deu à conversa o pegou desprevenido. Após um breve instante de silêncio, ele disse:

– Tudo bem, Thomas. Você é quem sabe. Faça como quiser.

Thomas assentiu. Quando começou a falar, sua voz saiu suave e confiante, mas de certa forma quase sussurrante.

– Há cerca de 20 anos, minha esposa e eu largamos tudo por quase um ano e saímos pelo mundo. Era algo que queríamos fazer havia muito tempo e, apesar dos motivos que nos impediam, simplesmente dissemos: "Agora chega, nós vamos." Cinco semanas depois de tomar a decisão, estávamos numa ruazinha de Bangcoc, na Tailândia, dando início à nossa jornada. Ao longo da viagem, fui percebendo como aquela experiência estava sendo significativa para mim. E então descobri por que sentia um desejo tão grande de embarcar numa aventura como a que estávamos vivendo. Depois de sete meses e meio na estrada, estávamos na África. A viagem já havia mudado a minha vida de forma profunda, mas eu não sabia que em poucos dias ela mudaria ainda mais. Desde pequeno, eu sempre sonhei em ver os animais africanos. E, por sete dias seguidos, acampamos no meio deles. Vimos milhares de elefantes, rinocerontes, girafas, zebras... E chegamos tão perto que em algumas ocasiões poderíamos tê-los tocado. Vimos um bebê girafa nascer, vimos leões matarem... Para mim, aquele foi o ápice de todas as experiências inacreditáveis que tivemos durante a viagem.

– Realmente, deve ter sido emocionante – disse Mark.

– Acordei cedo na manhã da nossa partida. Ainda deitado na pequena barraca de camping, um pensamento me ocorreu. Eu me dei conta de que podia morrer ali sem lamentar. Eu não queria morrer, mas havia visto tanta coisa e realizado tanto daquilo que tinha sonhado que, se minha vida terminasse naquele momento, teria valido a pena.

Thomas fez uma pequena pausa e eu olhei à minha volta. Cada pessoa – operadores de câmera, ajudantes, produtores – o observava atentamente. Não havia nenhum som ou movimento no estúdio.

– Quando Maggie acordou, arrumamos nosso equipamento, enrolamos a barraca e pegamos a estrada. Uns 30 minutos depois, ela se virou para mim e disse: "Tive um pensamento muito esquisito esta manhã. Acordei e pensei que considerando tudo o que a gente viu e fez durante a viagem... eu poderia morrer hoje... e nem lamentaria isso."

– Uau – disse Mark, baixinho, numa exclamação quase involuntária.

Thomas olhou para ele.

– Foi incrível mesmo, Mark. Ainda fico arrepiado com essa

história, mesmo depois de tantos anos. E o que aprendi naquele momento é uma das maiores chaves do sucesso da minha vida e do meu sucesso como líder.

– Estamos ansiosos para descobrir o que foi que você aprendeu, Thomas!

– Sempre escreva o final primeiro, Mark. Sempre escreva o final primeiro. Construa sua existência de forma que você possa acordar um dia tendo a sensação de que, se sua vida terminasse ali, você morreria em paz. Sei que isso pode soar banal em relação à vida como um todo, mas é preciso escrever primeiro o final de todas as coisas. Naquela manhã, aprendi a escrever o final de tudo o que faço. Que tipo de empresa eu queria construir? Que tipo de líderes queria criar? Que tipo de relacionamento queria que minha esposa e eu tivéssemos ao celebrar o nosso décimo aniversário de casamento? Isso se tornou uma parte tão importante de quem eu sou que até em relação às menores coisas, como uma reunião, eu me pergunto: "Que resultados quero alcançar? Como desejo me sentir? Como quero que as outras pessoas se sintam?"

Thomas baixou os olhos por um momento e deixou escapar um leve suspiro.

– Mark, a vida passa tão rápido. Não consigo acreditar que eu esteja vivo há 55 anos. Em alguns momentos, parece que acabei de chegar, mas a verdade é que minha jornada está quase no fim. Ou escrevemos o final que queremos e, então, criamos uma vida que nos leve até lá, ou acabamos vivendo uma história sem graça em comparação à que poderíamos ter escrito para nós mesmos... É simples assim.

Thomas acabou de falar e as câmeras voltaram a focalizar Mark. Ele estava claramente comovido com o que acabara de acontecer. Por alguns instantes, ele não disse nada. Quando começou a falar, o rosto e a voz estavam cheios de emoção.

– Senhoras e senhores, raramente nós, jornalistas, nos surpreendemos ou nos emocionamos durante os programas. Não é comum que um entrevistado nos faça mudar a forma como olhamos nossas vidas e nos torne pessoas melhores do que éramos antes de entrar no ar... – ele parou e olhou direto para a câmera. – Mas hoje isso aconteceu. Como acabaram de ouvir, Thomas Derale está morrendo. Devido ao seu estado de saúde delicado, esta é a última vez que ele estará aqui conosco... Esta foi nossa última oportunidade de passar algum tempo com ele. E isso, meus caros amigos, é uma imensa perda para todos nós.

Depois de alguns segundos de silêncio, Mark se despediu e encerrou o programa.

– Esta foi uma edição muito especial de *The Business of Business*... Meu nome é Mark Whitley. Boa noite a todos.

33

QUANDO A CÂMERA PAROU de rodar e o set voltou à vida, meu celular vibrou. Era Sonia.

– Oi, Sonia.

– Joe, eu estava assistindo ao programa. Foi impressionante. Simplesmente impressionante. Tudo fez sentido para mim esta noite. O que a gente conversou no avião, o que eu vi na sessão de TMM. Tudo o que Thomas criou foi desenhado para ajudar as pessoas a terem uma curva de vida ascendente. Aliás, não só para terem uma curva, mas para que ela seja bem íngreme de modo que suas vidas melhorem sempre, e o mais rápido possível.

Sorri diante do entusiasmo de Sonia.

– Foi realmente maravilhoso – respondi. – Você devia ver o que está acontecendo aqui. Thomas está cercado de gente que normalmente acaba uma filmagem e passa direto para a próxima tarefa. Ele tocou a vida de várias pessoas esta noite.

NA MANHÃ SEGUINTE, entrei na cozinha e encontrei Maggie sentada à mesa. Eu a abracei.

– Bom dia, Maggie.

Ela sorriu e retribuiu o abraço.

– Bom dia, Joe.

– Como está o Thomas?

– Ainda está dormindo. Desliguei o telefone, pois está tocando sem parar desde o programa de ontem à noite. Falei com Kerry Dobsin e ela contou que até hoje de manhã 62 mil pessoas tinham deixado seu currículo no site da Derale Enterprises e preenchido seu PDE e seus Cinco Grandes. Ela também contou que as linhas estão congestionadas de gente querendo fazer negócios com Thomas.

Aquilo me deixou satisfeito. Era a validação final de tudo o que Thomas praticava como líder.

– Kerry pediu que você ligasse para ela. Parece que os telefones não param de tocar com pedidos de imprensa também. Ela quer saber se você pode ajudar com alguns deles, e também quer conversar sobre outra coisa... uma coisa na qual nós duas estamos trabalhando.

– É algum projeto secreto? – perguntei em tom de brincadeira.

Ela sorriu.

– Você vai descobrir quando conversar com ela.

34

THOMAS DORMIU QUASE que ininterruptamente nos dias que se seguiram à última entrevista para a televisão. Por algum capricho da doença, a dor passou, mas uma fadiga intensa pareceu tomar conta dele. Durante quase uma semana, nos falamos pouco. Ao final dessa semana, ele teve outra convulsão e precisou ser levado com urgência de volta ao hospital.

Thomas ficou lá durante três dias, e nesse tempo seu estado de saúde piorou drasticamente. A fadiga só melhorou em parte e a dor voltou com força total. Apesar do empenho dos médicos, das preces e dos desejos de melhoras de tanta gente, parecia que o final estava se aproximando. O tumor agora estava afetando seu equilíbrio de tal maneira que ele não conseguia ficar de pé por muito tempo. Quando voltou para casa, foi numa cadeira de rodas. Era assim que se locomoveria de agora em diante.

Certa manhã, logo depois que voltou para casa, o telefone tocou. Era Kerry Dobsin. Estávamos todos sentados na varanda, então Maggie colocou a ligação em viva-voz.

– Thomas, detesto ter de lhe pedir isso, mas preciso da sua ajuda pessoalmente. Sei que você acaba de sair do hospital, mas será que poderia vir até a sede da empresa amanhã à uma da tarde? É importante.

Olhei para Thomas enquanto ele inclinava o corpo para a frente, em direção ao microfone.

– Você pode me dizer do que se trata, Kerry?

– Não dá para explicar por telefone, Thomas. Tem a ver com o projeto de expansão. Preciso lhe mostrar em que pé estamos para ver se você consegue nos ajudar a encontrar uma solução. Há dias que eu e o resto da equipe estamos quebrando a cabeça, mas empacamos em alguns pontos centrais e isso está atrasando todo o projeto. Eu só liguei para você porque realmente não sabemos o que fazer, e, se não resolvermos isso até o fim do dia de amanhã, vamos ter que atrasar o projeto por mais alguns meses. Precisamos de *você*, Thomas.

– Está certo. Aguarde um instante. – Thomas virou-se para

Maggie. – Você estará ocupada amanhã à tarde? Pode me levar ao escritório?

Como Thomas estava usando uma cadeira de rodas, havia alugado uma van especial em vez de alugar carros comuns. Maggie e eu estávamos nos alternando no papel de motorista.

Maggie pensou um instante.

– Tenho uns compromissos entre as dez e as duas e meia, mais ou menos, mas volto depois disso. Posso desmarcar, se quiser.

– Eu posso levá-lo, tenho o dia todo livre – sugeri.

Thomas se aproximou outra vez do aparelho.

– Está bem, Kerry, estarei aí a uma da tarde. Ligue para mim se alguma coisa acontecer e precisar que eu chegue mais cedo.

NO DIA SEGUINTE, Thomas e eu almoçamos em casa. Tive de me controlar muito para conter o riso. Eu queria que aquilo fosse surpresa. Ele era um excelente observador, então olhou para mim uma única vez e disse:

– Você está de ótimo humor esta manhã, Joe. O que houve?

– Eu estou sempre de bom humor, Thomas. Você sabe disso.

– Sei – replicou ele, sorrindo. – Guarde o seu segredinho para você mesmo, então.

Apesar de estar sorrindo, Thomas parecia abatido e cansado. Ele havia se mantido em boa forma durante toda a vida. Agora, por causa do tumor, tinha perdido quase 14 quilos e exibia uma magreza angustiante.

Chegamos à sede da empresa pouco antes da hora marcada. Quando fui ajudá-lo a sair do carro para sentar-se na cadeira de rodas, ele deixou escapar um gemido involuntário.

– Desculpe, Thomas – eu disse.

– Tudo bem, Joe. Não foi culpa sua.

Eu o ajudei a se ajeitar na cadeira e comecei a empurrá-lo em direção à porta. Olhei de relance para ele e vi algo impressionante. Ele havia se transformado. A cada passo que eu dava, seus traços iam voltando ao normal. Thomas começava a se parecer um pouquinho mais com ele mesmo.

Quando chegamos à entrada principal, a porta se abriu e Josephine apareceu. Ela sorriu, se aproximou da cadeira e deu um longo abraço em Thomas.

– Que bom tê-lo de volta, Thomas. Kerry disse que você viria hoje para uma reunião. Passei o dia todo ansiosa.

– É bom estar de volta, Josephine. E é bom ver que as coisas continuam em boas mãos.

Josephine fechou a porta atrás de nós e fui conduzindo Thomas pelo lobby.

– Kerry pediu que a encontrassem no escritório do projeto de expansão. Com todo o trabalho que estão fazendo, as coisas tiveram que mudar um pouco de lugar. Ela está numa sala nova no final do corredor. Eu acompanho vocês até lá.

Empurrei a cadeira de Thomas pelo pequeno corredor até as imensas portas duplas de vidro. Ainda estavam cobertas com o papel marrom usado pelos empreiteiros para evitar que fossem pintadas ou que rachassem durante as obras. Quando estávamos a poucos metros das portas, elas se abriram para um hall de pé-direito duplo com escritórios dos dois lados. O local estava lotado de gente. Assim que as portas se abriram, todos começaram a dar vivas, assoviar e aplaudir.

Enquanto eu e Thomas seguíamos pelo corredor, os aplausos iam ficando cada vez mais sonoros. A ampla recepção fazia uma curva para a direita, e, quando a dobramos, o barulho ficou ainda mais alto.

À nossa frente havia um átrio novinho em folha. Tinha cinco andares e fora elegantemente projetado com uma cúpula de vidro e uma frente envidraçada. As plantas e fontes em seu interior faziam o lugar parecer um paraíso tropical. Todos ovacionavam Thomas. A multidão ladeava um tapete vermelho que ia da entrada até uma gigantesca cortina do outro lado. Ergui a vista para as sacadas localizadas em cada lado do átrio. Os quatro andares acima de nós estavam abarrotados, com camadas e mais camadas de gente gritando vivas.

Josephine se abaixou e abraçou Thomas outra vez. Sorriu para ele e começou a chorar.

– Todos estão aqui para vê-lo, Thomas... Todos estão aqui por você... Quando fizemos o aviso sobre esta homenagem, ficamos impressionados com a quantidade de gente querendo comparecer. Primeiro apareceram todas as pessoas que trabalham em suas empresas e que já trabalharam com você alguma vez. Mas isso foi só o começo. Depois os cônjuges e os filhos dos funcionários começaram a ligar perguntando se poderiam vir. A seguir foram sócios, fornecedores, clientes...Todas as pessoas cuja vida você tocou. Todos queriam estar aqui. Todos queriam lhe agradecer.

Olhei para baixo para observar Thomas. Desde o dia em que nos conhecemos, tantos anos atrás, aquela foi a primeira vez que o vi tomado pela emoção. As lágrimas desciam pelo seu rosto à medida que ia reconhecendo amigos, clientes e funcionários que haviam se reunido para dizer "Você fez diferença".

Josephine tocou o meu ombro.

– Continue andando – disse, suavemente, indicando o tapete vermelho. Avistei Maggie e Kerry de pé, lá adiante, no outro extremo da enorme sala. Estavam abraçadas e, como quase todos os presentes, sorriam e choravam ao mesmo tempo.

Quando chegamos bem próximo delas, Kerry abraçou Thomas.

– Sentimos a sua falta, meu amigo – disse. Thomas fez um aceno para ela com a cabeça; queria responder, mas não conseguia.

Maggie se abaixou e o beijou.

– Eu te amo. E nós temos uma surpresinha para você. – Maggie entregou a ele uma corda dourada trançada que estava presa ao canto superior da cortina. – Isto é um presente de todos nós.

Ao nosso redor, as pessoas gritavam. Eu conseguia reconhecer frases específicas: "Estamos aqui por você, Thomas!", "Nós te amamos!", "Obrigado, Thomas!".

Kerry colocou a mão no ombro de Thomas.

– Abra a cortina. – Ela sorriu e indicou a multidão com a cabeça. – Você está levando esse povo à loucura.

Thomas puxou a corda dourada e a cortina se moveu para o lado. Atrás dela encontrava-se outro lindo saguão de pé-direito duplo feito de vidro e mármore. Acima das portas havia uma inscrição que dizia: *Viva cada dia como se ele fosse fazer parte do museu da sua vida.*

A multidão explodiu. Eu achei que seria impossível o barulho ficar ainda maior, mas estava enganado. Maggie abaixou-se, chegando perto de Thomas:

– Está pronto?

A voz de Thomas saiu embargada pela emoção.

– Eu quero que entrem comigo – disse, indicando os milhares de pessoas presentes.

– Todos? – perguntei.

– Todos.

Kerry abriu as portas duplas e eu empurrei a cadeira de Thomas até o saguão. Kerry instruiu o grupo mais próximo à porta que aguardasse alguns minutos e depois entrasse.

À nossa frente havia uma enorme parede de mármore com um retrato de Thomas entalhado e um imenso bloco de pedra com um texto gravado. As palavras descreviam a lição de vida que Thomas me ensinou naquela gélida manhã há mais de uma década:

Imagine se cada dia de nossas vidas fosse catalogado: como nos sentimos, as pessoas que vimos, como passamos o tempo. E no final da vida, um museu seria erguido. Seu objetivo seria mostrar exatamente a maneira como vivemos. Se 80% do nosso tempo foi gasto num emprego do qual não gostamos, então 80% do museu seria dedicado a nos retratar infelizes fazendo um trabalho que não nos satisfaz.

Se fomos simpáticos com 90% das pessoas com as quais interagimos, isso seria mostrado. Mas se nos mostramos irritados, contrariados ou se gritamos com a maioria das pessoas que encontramos, isso também seria mostrado. Se amamos estar ao ar livre, conviver com nossos filhos ou celebrar a vida com nossos companheiros, mas passamos apenas 2% do nosso tempo alimentando esses amores, apenas 2% do museu seria dedicado a isso.

Imagine como seria caminhar por esse museu no fim de nossas vidas. Como nos sentiríamos? O que pensaríamos ao nos dar conta de que, pelo resto da eternidade, aquele museu seria a forma pela qual seríamos lembrados? Todas as pessoas que caminhassem por ele veriam quem fomos de verdade. Nosso legado seria baseado não em como sonhamos viver, mas em como vivemos de fato.

Imagine se o paraíso, ou a vida eterna, ou seja lá como cada um de nós chama isso, consistir em sermos eternos guias do nosso próprio museu.

Em um painel na parede, lia-se:

Este museu é dedicado a Thomas Derale. Um homem que inspirou sonhos em cada um de nós. Um homem que nos encorajou a viver a vida como ela deve ser vivida. Que nos incentivou a alcançar o que cada um de nós chama de sucesso. Entre tantas outras coisas, Thomas é o maior líder do mundo. Dedicamos a ele este museu.

Este é o museu de sua vida.

Abaixo do texto havia milhares de assinaturas.

Uma lágrima desceu pelo canto do meu olho e rolou pela minha face. Olhei ao redor. Todos estavam chorando.

– Por favor, deixe os outros entrarem – pediu Thomas, a voz embargada de tanta emoção. – Quero que vejam quanto isto significa para mim.

Nas duas horas que se seguiram, conduzimos Thomas pelo museu de sua vida. Cada parada trazia à tona lembranças e histórias. As pessoas esperavam diante de fotografias específicas para contar a Thomas a importância que aqueles momentos vividos ao lado dele tiveram para elas. Observando Thomas naquela tarde, vi sua alma reluzindo de orgulho por tudo o que fizera em sua vida – as pessoas que havia tocado, as oportunidades que havia criado. Foi como olhar para alguém em seu momento mais glorioso. Foi perfeito.

Fiel à ideia original, o conteúdo do museu foi dedicado a mostrar como Thomas viveu sua vida. Maggie ajudara Kerry no projeto e uma seção inteira fora preenchida com fotos e anotações sobre os lugares que ela e Thomas visitaram e sobre as experiências que tiveram.

Foram criadas salas individuais para abrigar algumas das filosofias essenciais de Thomas. Uma seção intitulada "Satisfazendo Seus Cinco Grandes" mostrava como as pessoas haviam sido impactadas por suas ideias. Incluía fotos de família, diplomas universitários, postais de lugares exóticos. Havia também uma parede inteira de fotos divertidas que as pessoas tiraram umas das outras enquanto realizavam suas tarefas na empresa.

Ao virar uma curva, deparamos com uma parede arqueada repleta de fotos de bebês.

– Esta ideia veio de tanta gente que simplesmente tinha de estar aqui – Maggie contou a Thomas. – Seus companheiros de viagem queriam que você soubesse que a filosofia que você transmitiu, a cultura que criou e a flexibilidade que lhes propiciou foram, em grande parte, o que os inspirou a trazer ao mundo essas pessoinhas.

Ao lado das fotos, as pessoas haviam escrito breves narrativas sobre o impacto que Thomas tivera em suas experiências como pais. Algumas falavam de como puderam passar mais tempo com seus bebês quando nasceram. Outras, que conseguiram assistir às competições esportivas dos filhos na escola. Muitas agradeciam a Thomas por tê-las ensinado lições que mais tarde transmitiriam aos filhos.

Uma das salas fora coberta, do teto ao chão, com os bilhetinhos deixados por Thomas para o seu pessoal ao longo dos anos. Eram agradecimentos, piadas e notas de encorajamento.

Outra parte do museu foi destinada à filosofia dos cinco pilares. Algumas das empresas parceiras de Thomas se associaram e criaram uma escultura hilariante mostrando Thomas reclinado numa espreguiçadeira em cima de uma plataforma circular apoiada por cinco pilares góticos. Na base dos pilares, barbatanas de tubarão entravam e saíam das ondas. Ao lado de Thomas havia um gigantesco vidro de repelente de tubarão, cujo rótulo descrevia os quatro passos para aumentar os lucros de uma empresa. Próximo à peça, uma inscrição dizia:

Para um homem que encorajou e permitiu que satisfizéssemos nossos Propósitos De Existir. Você tem sido pilar, parceiro e amigo. Poderíamos ter coberto estas paredes com cópias dos acordos que fizemos ou dos contratos que assinamos; com grá-

ficos que mostram quanto nossas ações subiram por causa das ideias que você compartilhou conosco; ou com relatórios anuais mostrando o aumento de nossas receitas porque sempre pudemos contar com você para cumprir seu compromisso conosco, e, assim, pudemos cumprir o compromisso com nossos clientes.

Sentimos, no entanto, que isto representa de maneira mais fiel o seu verdadeiro impacto sobre todos nós. Em diferentes momentos das nossas vidas, e de diferentes maneiras, você nos ajudou a recordar que o trabalho não tem de ser um meio para se atingir um objetivo. Se escolhermos o trabalho correto, ele é, em parte, o próprio objetivo.

O texto estava assinado pelos donos e funcionários de centenas de organizações com as quais as empresas de Thomas haviam feito parceria durante a sua vida.

As paredes que cercavam a escultura estavam cobertas de e-mails, cartas e faxes enviados por clientes agradecendo pelos seus serviços. Havia fotos de gente rindo e se divertindo nos escritórios e nos eventos da firma. Havia também fotografias dos prêmios que a organização tinha ganhado por originalidade, atendimento e dedicação. Uma seção projetada de maneira extremamente criativa mostrava uma colagem de imagens de indivíduos sorridentes, de várias organizações, recebendo reconhecimento pelos seus anos de serviço.

35

MAIS TARDE, DEPOIS QUE todos haviam visitado o museu e se divertido no evento que se seguiu à homenagem, Thomas pediu que eu o ajudasse a percorrer os corredores outra vez. O museu estava vazio e quase que totalmente às escuras. A única iluminação vinha das luzes individuais de cada display. Ele se demorou diante de todas as peças em exibição, lendo as mensagens, sentindo a emoção que emanava de cada uma. Eu o conduzia de uma a outra. Tudo estava quieto e nenhum de nós falava muito. Tive a impressão de que, ao passar por cada seção, Thomas se despedia.

No corre-corre da festa, acabei não tendo tempo de ler a inscrição da placa que ficava antes da porta de saída. Agora nos detivemos diante dela. A pequena placa era simples: o memorando final de Thomas Derale para seus companheiros de viagem. Estava datado de seis semanas antes e era intitulado "Foi isto que você me ensinou".

Thomas disse baixinho:

– Quando descobri que estava morrendo, escrevi isto e pedi a Kerry que entregasse para cada um de nossos colaboradores. Queria deixar alguma coisa para eles. Espero que tenha sido o bastante.

Olhei para a placa e comecei a ler cuidadosamente cada palavra.

Líderes bem-sucedidos estão tão ligados ao seu Propósito De Existir que seus objetivos não são apenas oportunidades, mas também necessidades pessoais. Eles têm confiança suficiente em suas próprias habilidades para se sentirem fortalecidos, e não ameaçados, pelo sucesso daqueles que estão sob sua liderança. Eles encorajam, não depreciam; inspiram, não intimidam; ensinam, não obstruem; antecipam sucessos, não temem fracassos.

Em cada momento de nossa existência somos convocados para sermos líderes. Se não de outros, pelo menos de nós mesmos.

Quando terminei de ler, coloquei a mão no ombro de Thomas.

– Está perfeito, Thomas... Perfeito.

Ele enfiou a mão no bolso da camisa e tirou um de seus bloquinhos Post-it personalizados.

– Um velho hábito. – Ele sorriu, pegou uma caneta no outro bolso e escreveu alguma coisa. Ao terminar, olhou a placa por alguns instantes e depois fitou longamente o museu.

– É hora de ir, Joe.

Comecei a empurrá-lo em direção à porta. Ele descolou a folha do bloco e quando passamos pela placa, colou o bilhete abaixo dela.

Eu amo todos vocês.
Thomas

Epílogo

Cinco dias depois de ser conduzido pelo museu de sua vida, Thomas Derale faleceu. Eu perdi um amigo e um mentor e todos nós perdemos o maior líder do mundo.

Nos dias que se seguiram, eu me vi em profunda depressão. Eu sabia que não deveria estar, sabia que Thomas não queria que fosse assim. Mas eu sentia a sua falta. Simplesmente, sentia a sua falta.

Quase dois meses após sua morte, recebi uma caixa pelo correio. Dentro havia um bilhete de Maggie e um pequeno pacote.

Querido Joe,

Pouco antes de falecer, Thomas me fez prometer que isso chegaria às suas mãos. Ele começou a trabalhar incansavelmente nesse projeto assim que recebeu o primeiro diagnóstico. Não sei por quê, mas ele queria compartilhar isso com você desta maneira. Eu o ajudei a terminar nos dias que antecederam sua morte. Você foi um grande amigo para ele, Joe, e ele valorizava profundamente essa amizade.

Com amor,

Maggie

Junto com o bilhete de Maggie havia um envelope. Eu retirei o cartão que vinha dentro.

Querido Joe,

Durante nossas conversas, você sempre me perguntava sobre a minha história. Como me tornei a pessoa que sou? O que moldou a minha vida? Onde foi que tudo começou? Eu temo que, apesar de todas essas conversas, nunca tenha tido a oportunidade de compartilhar com você todos os detalhes da minha caminhada. Sempre havia tantas outras coisas sobre as quais falar, rir, sonhar...

Eu peço perdão por essa falha e espero que isto responda às suas perguntas.

Fique bem, Joe. E obrigado. Ao lado do meu amor pela Maggie, a sua amizade é uma das coisas que mais tiveram significado para mim durante essa jornada.

Seu amigo e companheiro de viagem,

Thomas

Desembrulhei o pacote que veio dentro da caixa e imediatamente um sorriso se esboçou em meus lábios. Era um livro. O autor era Thomas Derale.

Eu me recostei na cadeira, abri-o na primeira página e comecei a ler.

Lições Rápidas de Thomas Derale

1. Líderes bem-sucedidos estão tão ligados ao seu Propósito De Existir que seus objetivos não são apenas oportunidades, mas também necessidades pessoais. Eles têm confiança suficiente em suas próprias habilidades para se sentirem fortalecidos, e não ameaçados, pelo sucesso daqueles que estão sob sua liderança. Eles encorajam, não depreciam; inspiram, não intimidam; ensinam, não obstruem; antecipam sucessos, não temem fracassos. Em cada momento de nossa existência somos convocados para sermos líderes. Se não de outros, pelo menos de nós mesmos.

2. Nada impede mais o progresso do que alguém que se encontra na função errada ou descontente. Isso tira o ânimo do grupo e rouba tempo e energia das tarefas que se está tentando executar. Você quer bons profissionais na sua equipe. Quer gente que diga: "Eu sei o que estamos tentando fazer e acho que existe uma forma melhor de fazê-lo." Isso é fundamental para manter a equipe no caminho certo. Por outro lado, alguém que vive dizendo "A gente nunca vai chegar lá" ou que não tem interesse por seu trabalho simplesmente impede todo mundo de seguir adiante. Você precisa tirar essa pessoa da equipe ou ela vai destruí-la.

3. O medo leva ao fracasso e a coragem leva ao sucesso.

4. As pessoas podem encontrar soluções para quase qualquer problema, mas precisam conhecer as regras do jogo. Com frequência, recebem uma tarefa e semanas após terem começado o projeto, apresentam o trabalho a um superior e descobrem que

precisam mudar tudo por causa de detalhes que ninguém nunca lhes informou. Isso é desestimulante e custoso em termos de tempo, empenho e produtividade.

5. Nem todos os clientes estão buscando a mesma coisa. Em vez de oferecer apenas um tipo de produto ou serviço e perder clientes para a concorrência, seja a sua própria concorrência. Canibalize seu próprio negócio.

6. Pessoas talentosas não precisam que ninguém monitore seu comportamento. Não fazem um bom trabalho porque tem alguém observando. Essas pessoas fazem um ótimo trabalho porque é assim que são e porque gostam do que fazem.

7. Tudo nas minhas empresas é ligado ao Propósito De Existir das pessoas e aos seus Cinco Grandes. Fazemos tudo isso para garantir que nossas vidas sejam um sucesso da maneira que o definimos. Não quero gente que *goste* do emprego. Quero gente que se sinta realizada pelo trabalho que faz. Quando você consegue isso, as pessoas não ficam estressadas nem estafadas. Elas se sentem energizadas.

8. Existe uma crença incorreta de que lucros e funcionários satisfeitos são inversamente proporcionais. Há muitos líderes que acreditam que quanto mais você pressiona a equipe, mais ela trabalha e, assim, maior será o seu lucro. Também acham que se as pessoas estão felizes é porque não estão sendo devidamente pressionadas e que, por isso, seu lucro será menor. A verdade é que se você tiver de pressionar os funcionários para fazerem seu trabalho, é porque ou contratou as pessoas erradas ou tem as pessoas certas nas funções erradas.

9. Quando empresas que contratam com base na adequação da pessoa à cultura da companhia, e não apenas ao cargo; não ficam

vigiando os funcionários, mas dão a eles autonomia e a chance de se autogerenciarem; e motivam não com dinheiro, mas com a criação de um "ambiente de trabalho familiar" foram comparadas a companhias que fazem o oposto, mostraram um volume de vendas 22% maior, 23% mais lucros e taxa de rotatividade 67% menor.

10. Existem dois grandes fatores que influenciam os lucros. O primeiro é a produtividade: quão eficientes as pessoas são. O segundo é a rotatividade: com que frequência os profissionais se demitem e precisam ser substituídos por outros.

11. Se todos estão trabalhando em equipe numa jornada comum e um dos objetivos de todos é maximizar os rendimentos da organização, então, na verdade, todos são responsáveis pelos lucros.

12. Se você quer ser um CEO, tem de ser capaz de compreender que C+E<O. C quer dizer custo; E, empenho; e O, output, ou seja, resultado. A maioria das pessoas fica tão preocupada com C e E que nunca olha para O. Essas pessoas sofrem de esquerdite aguda, pois só se concentram no lado esquerdo da equação.

13. Sem lucros, uma empresa não consegue funcionar. Se a empresa não funciona, ninguém é pago. E se ninguém é pago, por mais realizadas que as pessoas se sintam, elas vão acabar indo embora. Assim, logo, logo não há gente, produtos, fregueses ou empresa. Todo mundo sai perdendo. Mas se a empresa for sempre rentável, as pessoas podem ser pagas para fazerem coisas que as satisfazem, os clientes ficam contentes e todo mundo sai ganhando.

14. Se as pessoas conseguem ter sucesso fazendo coisas com as quais não se importam, provavelmente serão ainda mais bem-sucedidas fazendo aquilo que as interessa. E se elas forem mais bem-sucedidas, a empresa também será, e isso resultará em grandes lucros e sucesso para todos.

Ferramenta para avaliação de produtividade para líderes

Responda a cada uma das perguntas a seguir atribuindo uma nota de 1 a 10. Por exemplo, na primeira questão, se as pessoas demonstram entusiasmo quando aparecem para trabalhar na segunda de manhã, 1 indicaria que não demonstram entusiasmo algum e 10, que se mostram extremamente entusiasmadas. Então, some as notas das cinco questões e depois multiplique o total por 2. Isso lhe dará uma forma fácil de calcular a produtividade numa escala de 1 a 100.

Perguntas sobre produtividade	Classificação de 1-10 (1 é produtividade baixa, 10 é alta)
1. As pessoas se mostram entusiasmadas quando chegam na segunda-feira de manhã.	
2. As pessoas desempenham suas tarefas sem que alguém as supervisione e não tentam se esquivar de suas obrigações. (Ex.: bate-papos demorados, pausas para o café, atrasos no horário de almoço...)	
3. As pessoas compreendem o PDE da organização (ou do departamento, divisão, etc).	
4. As pessoas compreendem como o que fazem ajuda a organização a satisfazer o seu PDE.	
5. As pessoas estão satisfazendo seu próprio PDE através do trabalho que são pagas para fazer. (Se você não acredita que as pessoas compreendem o próprio PDE, este item deve receber um 1.)	
Total	

CURVA DE VIDA ASCENDENTE

Esta é a maneira como a maioria das pessoas vive. Ao longo de sua trajetória, as pessoas têm altos e baixos. Mas, em geral, esses altos e baixos sempre mantêm a mesma variação. Apenas oscilam entre esses dois pontos.

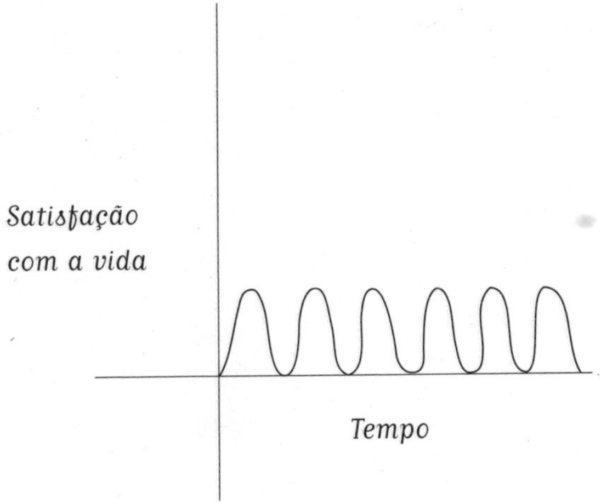

O segredo da vida é ter um gráfico que não apenas se estenda através do tempo mas que também ascenda. Eu a chamo de curva de vida ascendente. À medida que o tempo passa, a vida da pessoa representada por este gráfico enfrenta oscilações, mas continua a atingir pontos mais altos. Todo mundo tem seus momentos de dificuldade, mesmo quando se está trilhando o caminho certo. Mas a questão é que quando você vive numa curva ascendente, em algum momento seus baixos ficam mais altos do que seus altos costumavam ser. E a forma de se fazer isso é muito simples. Quanto mais momentos do seu dia você passar fazendo coisas que satisfaçam seu Propósito De Existir e seus Cinco Grandes, mais sua curva da vida irá ascender.

Ser um líder bem-sucedido é fácil. Você só precisa conhecer esse segredo e aplicá-lo.

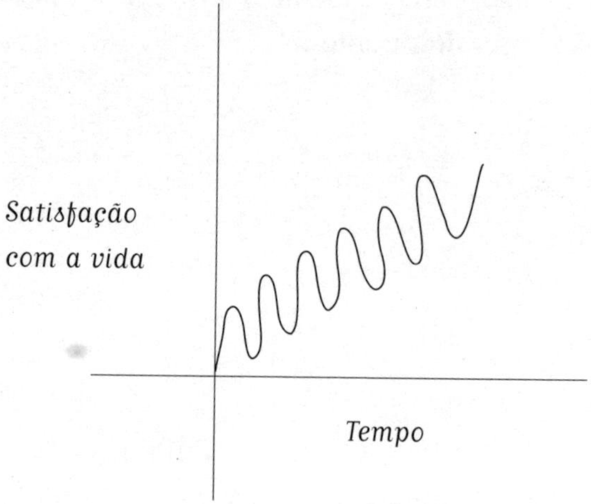

SOBRE O AUTOR

ALÉM DE TER SIDO TRADUZIDO para 17 idiomas e ter a sua obra vendida em mais de 40 países, o trabalho de John P. Strelecky já foi distribuído para os funcionários de inúmeras empresas, como IBM, American Express, Boeing, American General Finance, USANA Health Sciences, Romano's Macaroni Grill e muitas outras. Também integra a lista de leitura obrigatória de universidades em todos os EUA.

A técnica dos Cinco Grandes elaborada por John foi destacada na capa da revista *Personal Excellence*. Também foi incorporada no software Safe Paths to Financial Freedom™ e transformada numa série de CDs. John é cofundador da www.mybigfive.com, comunidade da internet dedicada àqueles que buscam os seus Cinco Grandes.

Seus artigos sobre como ter sucesso na vida e nos negócios já apareceram em centenas de publicações de todo o mundo, inclusive matérias de capa nas revistas *Executive Excellence*, *Money 'N Profits*, *Selling* e muitas outras.

Quando não está escrevendo ou dando palestras, John passa grande parte do tempo viajando o mundo. A viagem mais longa que fez com a esposa foi uma aventura de nove meses na qual os dois percorreram 113 mil quilômetros (quase três vezes a circunferência da terra) com mochilas nas costas. Ele também já fez longas viagens pela bacia do rio Amazonas, pelo Yucatán e pela China.

John tem um MBA de um dos programas de maior prestígio do país, da Kellogg School of Management da Northwestern University. Foi consultor estratégico de empresas como Audi,

The New York Times, Walt Disney World e muitas outras, em assuntos como liderança e como atingir o maior sucesso financeiro possível.

Mais detalhes sobre o autor podem ser encontrados no site: www.johnstrelecky.com.

AGRADECIMENTOS

UM SINCERO OBRIGADO aos mais de 100 líderes dedicados cujas ideias e perspectivas ajudaram a moldar esta história. A presença deles nos quatro continentes, representando uma gama tremendamente ampla de indústrias, constitui uma ilustração verdadeira de que o desejo de não apenas liderar, mas de ser um *grande* líder, estende-se por todo o planeta.

Em especial, eu gostaria de agradecer aos seguintes líderes pela sua dedicação e pelo seu tempo: Matt Blauvelt, Brad Borchers, Ken Mayer, Rachel Hutter, Gabe Esparza, Tricia Crisafulli, Alan Jaquith, Arnie Follendorf, Avril Reed, Kelly Sabourin, Barbara Harrington-Marut, Bridgett Arnold, Chris Ockwell, Karen A. Serunian, Dave Powelson, Douglas Machiridza, Pernille Fletcher, Frank LaTorre, Gid Herman, Glenn Turner, Michelle Boulton, Johnny Valentin, Jane Hall, Jim Compton, Joachim Röttinger, Kelly Moore, Kevin Sabourin, Kevin Naya, Kevin W. McCarthy, Randolph Ching, Kristen Hallet Rzasa, Marc Manieri, Kathryn MacVicker, Michael Rosen, Michele McAfee Glowth, Jeanette Cake, Norman Bryan, Nousha Behbahanian, Ingo B. Gross, David Spencer, Bob Steiner, Suzanne Le Breton, Terry L. Brock, Vanessa Mejia, Andrea Susanne Luise Reutner, Denise McLean, Elizabeth Diaz, Jaime Shearer, Jan Mossfeldt, Paul Dillon, Joe Hinkle, Krissy Morency, Kevin O. Sullivan, Kristi Karst Gomen, Linda Brown, Matt Ficarelli, Dr. Matthew Norton, Michael C. Zari, Michelle Lamont, Bob Warren, Tanja Sölkner, Kevin Boulton, Michael Tellone, David Wunderlin, Dave Fletcher, Sue Wilson, Bob Clark, Dawn Werner, Barb McNaughton, Barbara Pickren, Mark Dunbar.

Um agradecimento especial, também, para Phil Revzin, meu editor, por seus conselhos e sua paciência; para Doris Michaels e Delia Berrigan Fakis, da Agência Literária DSM, por toda a assistência prestada; e para minha esposa, Xin, por confiar em mim quando eu soube que esta era uma história que merecia ser contada.

O conselheiro

BOB BURG E JOHN DAVID MANN

A uma semana do fechamento do trimestre, o jovem e ambicioso Joe procura desesperadamente uma saída para melhorar seu desempenho na empresa. Depois de perder um grande cliente por falta de "influência e prestígio", Joe procura Pindar, um renomado e misterioso consultor, para ajudá-lo a dar a volta por cima. E a partir desse momento sua compreensão da palavra "sucesso" vira do avesso.

Durante uma semana, Pindar ensina a Joe as Cinco Leis do Sucesso Extraordinário – um conjunto de princípios capazes de fazer qualquer pessoa se destacar no mundo dos negócios.

Agradável e descontraído – embora repleto de sabedoria –, esse livro vai fazer você refletir sobre sua carreira, suas motivações e, principalmente, suas atitudes em relação ao que espera dos outros.

60 verdades para administrar sua carreira

KAREN OTAZO

Esse não é apenas mais um livro sobre como conquistar o sucesso profissional. O que o torna tão diferente e fundamental é que ele realmente diz a *verdade*. De forma simples e inusitada, ele foge das fórmulas batidas sobre como você deve agir para ser bem-sucedido. Todas as dicas apresentadas aqui foram testadas – e *funcionam*.

Para começar, você deve saber que a vida profissional é um jogo e, como tal, tem suas próprias regras. E vale a pena saber jogá-lo.

Com mais de 20 anos de experiência em consultoria a executivos, a Dra. Karen Otazo oferece orientações extremamente práticas e realistas para superar os principais desafios que você pode enfrentar em sua carreira. Repleto de exemplos reais, esse livro ajudará você a começar bem em um novo emprego, a conseguir o cargo que almeja e a perceber quando é hora de mudar de empresa.

INFORMAÇÕES SOBRE OS PRÓXIMOS LANÇAMENTOS

Para receber informações sobre os lançamentos da EDITORA SEXTANTE, basta enviar um e-mail para atendimento@esextante.com.br ou cadastrar-se diretamente no site www.sextante.com.br

Para saber mais sobre nossos títulos e autores, e enviar seus comentários sobre este livro, visite o nosso site: www.sextante.com.br

EDITORA SEXTANTE
Rua Voluntários da Pátria, 45 / 1.404 – Botafogo
Rio de Janeiro – RJ – 22270-000 – Brasil
Telefone: (21) 2538-4100 – Fax: (21) 2286-9244
E-mail: atendimento@esextante.com.br